ママの仕事はデリヘル嬢

長谷川華

著者の長谷川華は、僕から見て馬鹿な青春時代を過ごしました。その結果、二児の母として30歳近くになってデリヘル嬢に身を落とします。

しかし彼女は自分にとって損な生き方をしただけで、誰にも迷惑をかけていません。不器用な女なのです！　逆に人として母として良心的な人間だったので、今日《きょう》があります。風俗には不器用な女がたくさんいますが、あなたはそんな不器用を馬鹿にする権利をお持ちですか？

大きな矛盾を抱える性産業。幸せになるために労働した結果、不幸になる可能性を含んでいるからである。いまの生活のための収入が、将来の生活を規制する結果になる場合があるからだ。

だが、デリヘル嬢という職業がベストではないがワーストでないことにも気づかされた。

要は誰が、どのような状況で、何を目的にして、どのように職務をつとめるか、という各人次第でその職業の良否が決まるということである。

ふつうに生きてきた人！　視野を広げる意味で読んでごらんよ！

僕もそうでしたが、どんな仕事でも自身に与えられた職務を全うすることが、自身にプライドを持て、自身と触れ合う人々を幸せにしてくれるんですよね！

高橋がなり

目次

プロローグ

桜が咲く季節に生まれたから、桜太《おうた》。春になったら誰もがその花を見たくてウキウキと出かけるように、たくさんの人に愛される子に育ってほしい……そんな思いを込めて名付けました。わたしの長男の名前です。生まれ落ちたときの桜太の手のひらはそれこそ桜の花のように小さくて、その無力な様子に胸を打たれました。初めての子どもに対する愛しさがあふれすぎて、自分がおぼれて死んでしまうんじゃないかと思ったほどです。

そんな桜太も、17歳になって1カ月あまりが経ちました。小柄なわたしの血を受け継いだのか、身長はまだそんなに高くないけど、そのシルエットはもう子どもじゃない。でも、大人の男というにはまだ早い、まさに青春真っただ中の桜太が、

「……おふくろ」

と話しかけてきました。こんなふうに呼ばれたのは、初めてのこと。もう〝ママ〟って呼

んでくれないんだ……。高校２年生なら、まぁしようがないかな。わたしが思っているよりずっとずっと早いスピードで、この子は成長しているんだ。感慨にひたるほど照れくさくなって、わたしは息子と向き合えなくなります。

「何よー、まだ４時じゃろ。お腹減ったって言われても、夕飯はまだじゃけぇね！」

と軽口をたたくと、桜太は気まずそうに目を反《そ》らしました。わたし、何かへんなこと言った？　幼いころから、思慮深い性格の子でした。暗いってわけじゃないけど、ちょっと冗談が通じにくいかな。「笑っていいのかな？　どうなのかな？」と様子をうかがうクセには以前から気づいていたけど、成長してますますその性質は強まっているようです。わたし自身はそんな性格じゃないし、別れた夫もあんまり考えこむタイプじゃないし……。

（やっぱり苦労をかけちゃったからかな）

　何年ものあいだ、母親の苦労を間近で見てきた桜太。子どもらしい天真爛漫《てんしんらんまん》さを捨て、早く大人になろうと思ったから、こんなに年齢に似つかわしくない落ち着きを身につけてしまったのではないか。わたしはそんな気がしてならないのです。

「はい、これ」

目の前に、細長い長方形の箱が差し出されました。

「1日早いけど、母の日のプレゼント。俺、明日はバイトが早番じゃけん」

わたしが手に押し付けられた箱をしばらく見つめ、ふたたび目を上げたときにはもう、桜太は背中を見せていました。とても軽い箱でした。スカーフかな。ハンカチかな。広島市の繁華街にあるデパートで買ってくれたんだろうけど、高校生の男の子がひとりでレディースフロアの小物売り場へショッピングに行くのは、とても勇気がいる行為だったでしょう。その気持ちを思うと……ああ、もったいなくて開けられない！

大事に使うね、桜太。そう言いたかったけど、胸が詰まって声にならなかった。だって、わたしは知ってたから。これ、アルバイトの初めてのお給料で買ってくれたんでしょ？高校2年生になってから始めた、ファミリーレストランでのアルバイト。4月末に、最初のお給料が出たんだよね。

桜太が学校に行かなくなったのは、中学1年生の終わりごろでした。あまり勉強ができる子じゃなかったから、わたしはてっきりテストがいやなんだと思いこんで、「そんなに期末試験がイヤなん⁉」って叱りつけたから、よく覚えています。結局、テストはすべて放棄。でも、じきに春休みに入り、4月には2年生に進級するという時期のこと。新しいクラスになれば、また元どおり学校に通うようになるだろうというわたしの願いは、むなしくも裏切られ、桜太は朝になると頑として部屋から出ようとせず、不登校を続けました。

（まさか、ウチの子が引きこもり⁉）

わたしはうろたえました。教育熱心ってほどではないけど、毎日「いってらっしゃい！」と学校に送り出していたし、保護者会にも欠かさず参加してた。なのに、どうして……？

ううん、〝どうして？〟っていうのはウソ。わたしは、桜太が学校に行かなくなった理由を知っていました。本人から聞いたわけじゃないけど、まちがいないと思う。

桜太は知ってしまったんです――ママがどんな仕事をしているかを。

どれだけ観察しても、同級生にイジメられていたような形跡は見つからなかったから、その秘密がクラスで知られたということではなかったと思います。桜太は、殻に閉じこもってしまっただけ。全身に、薄く、だけど絶対破れないバリアを張って、必死に自分を守ろうとしていました。13歳、本当に敏感な年ごろでした。

それでもわたしは、自分の仕事を否定することだけはしませんでした。そのときは、それしかなかったから。その仕事だけが、わたしたち家族の生きる術でした。だから、母親の職業で息子が悩んでいると知っても、そのことをほかの誰かから非難されたとしても、仕事を続ける覚悟もありました。この子もいつかはわかってくれる。そう信じたかったけど、それは息子に対する甘えだってこともわかっていました。こんなとき、母親ってすごく無力。わたしは桜太をただ見守ることしかできませんでした。

桜太はバリアを破ることなく、14歳になり15歳になり……。それ以降、一度も学校に行かないまま、中学を卒業しました。補習や宿題で、先生方が協力してくれたおかげです。そして翌春、中学時代に不登校だった子がかなりの割合を占める高校に進学しました。内申書の関係でそこ以外に選択肢がなかったってことなんだけど、わたしはどこの高校でもいいと思っていました。今度はちゃんと通ってくれますように。一度しかない青春時代、ふつうの学校生活を送り、友だちができればそれだけでよかった。

桜太は毎日欠かさず学校に通うようになりました。不登校だった生徒が多いということは、中学時代にイジメられていた子、長期入院していた子、なんらかの事情があって通学できなくなった子が大勢いるということです。傷ついた経験がある子たちは、それ以上お互いを傷つけ合うことはしません。そんな環境が、桜太にも心地よかったのでしょう。日を追うごとに表情が明るくなり、口数も多くなりました。授業をサボることもなく、四苦八苦しながらテストを受けていました。親としては何か部活動をしてほしかったけど……ぜいたくは言いません。学校に行くのが楽しい、というのが伝わってくるだけで、わたしは学校に、そして桜太自身に心から感謝しました。

高校2年になった桜太は「バイトをしたい」と言いだしました。クラスの友だちに誘われたようで、すでにファミリーレストランの面接も受けてきたと言います。お金が欲しいというよりも、桜太にとってはこれが部活動感覚だったんだと思います。アルバイト先には友人のほかに他校の生徒もいるし、彼らとの交流を求めてもいたのでしょう。

週4日、放課後になると学校からアルバイト先に直行し、ユニフォームに着替えてホールに立つという桜太の毎日が始まりました。あの世間知らずの桜太がアルバイトとはいえ仕事をするだなんて、心配すぎる！　わたしは、お店に行こうとまで考えていました。客として飲食もするなら、まさか桜太も追い出しはしないだろうと。でも、そんなことしたら絶対イヤがるだろうな、ママのこと嫌いになるかもしれない……とわたしがひとり葛藤しているのも知らないで、桜太は遅くまで張り切って仕事をしているようでした。

ところがある日、帰宅した桜太の肩からぐったりと力が抜けていました。学校指定のスポーツバッグを担いでいたけど、それがずり落ちそうになるぐらいに。

「どしたん?」と言っても応えないし、「女の子にフラれたん?」と茶化しても、やっぱり無言のまま。17歳には、17歳の悩みがあります。自分が高校生のころだって、どんなに悩んでいても、親にとやかく口出しされたくなかった。いま彼は悩み多き年ごろ。ひとつ悩むたびに成長していくとわかってはいたけれど、中学時代に不登校になるほど繊細な桜太のことだから、心配でならなかったのです。

桜太はそのまま冷蔵庫の前まで歩いていき、扉を開きました。そして牛乳パックを取り出して、一気に喉に流しこみます。ふだんなら「手を洗ってから!」と口やかましくお説教するところですが、このときばかりは何も言えず、わたしは息子の顔を無言で見上げました。

「あのさー、ママ」

まだ牛乳パックを片手に持ったままの桜太が、口を開きました。

「お金を稼ぐって、すごく大変なことだったたんじゃね」

「え?」

「バイトして初めてわかった。仕事って簡単じゃないんだって」

桜太は初めて大きなミスをしたそうです。カレーの大鍋を引っくり返し、厨房は茶色の海。注文をしたお客さまはたいそうご立腹で、駆けつけた店長を怒鳴る声が厨房まで聞こえてきたとか。もちろん、そのお客さまが帰った後に、桜太は店長から大目玉を喰らいました。彼にとっては、これが家族以外の大人に怒られた初めての経験。失敗したことが悔しくて、迷惑をかけたことが情けなくて、ただうつむいていたと話してくれました。

「もう辞めちゃおうかとも思ったんだけど……」

でもその瞬間、気づいたんだ、と彼は言いました。失敗するのも、怒られるのも、二度と同じ失敗をしないために努力するのも、そうやってちょっとずつ成長していくことも……ぜんぶぜんぶ〝仕事〟なんだと。それが、お金をいただくための行為なんだと。

「ママだって、そうなんじゃろ?」

耳を疑いました。母親の仕事のことで悩んで不登校になった彼が、それについてひと言でも触れるのは、これが初めてでした。桜太は、それ以上は何も言いませんでした。言いたくなかったのか言えなかったのかはわからないけど、いいんです。お金をいただくとはどういうことかを知った息子は、ひとつ大人になりました。さみしいなぁ。でも、誇らしい。こんな子を育てることができたんだから、わたしは自分の仕事を誇りに思わなきゃ。

わたしたち親子がこのことを面と向かって話せるようになるのは、まだ何年も先でしょう。そのときが来たらどんな顔をして話せばいいのか、いままではわからなかったけど、息子を変えた出来事は、わたし自身をも変えてくれたようです。

そうです、笑顔で話せばいいんです。誰の目も気にすることはない。わたしは息子を前に、堂々と打ち明けるでしょう――あなたのママは、デリヘル嬢だったんだよ、と。

第1章

わたしがデリヘル嬢になった昼下がり

わたしがデリヘルの世界に飛びこんだのは、29歳のときでした。この仕事は18歳から始められるので、早いデビューとは言えません。遠い昔のことのような気もするし、つい昨日の出来事のようにも思えます。それから9年の月日が経ったいまとなっては、わたしとふたりの息子だけではなく、在籍する女の子やスタッフ、そしてその家族の生活をも支えているデリヘルの仕事ですが、それまで平凡な専業主婦として、子育てと家事に明け暮れていたわたしは、世の中にそんな職業があることすら知りませんでした。

縁のない世界だと思っていたのに

デリバリーヘルス、略してデリヘル。無店舗型性風俗特殊営業というのが正式な名称ですが、呼び方がどうであっても、利用する立場である男性はさておき、ほとんどの女性は、それがどんなサービスをするものなのか知らないと思います。

〝派遣型のファッションヘルス〟と呼ばれることもあるデリヘルには、店舗がありません。

では男性はどこで女の子と会い、性的サービスを受けるのかというと、自宅やラブホテル、シティホテルなど、ふたりきりになれる空間においてです。男性はそこからデリヘル店に電話をして、お気に入りの女の子を指名したり、好みのタイプを伝えたりします。

注文を受けた店は、専属のドライバーが運転する車で、〝待機部屋〟から女の子を派遣します。女の子が部屋に入ってから、サービスのスタートです。60分から120分、もしくはそれ以上、あらかじめ申しこんだ時間内で、男性は性的サービスを楽しむことができます。終了時間になったら女の子は退室し、ふたたびドライバーとともに待機部屋に戻ります――これが、デリヘルの基本的なサービス内容です。

ほんの数年前まで、性風俗産業といえばソープランド（性行為まで行う）や、ピンクサロン（口や手で性的サービスを行う）など、店舗があって、お客さまが来店するタイプが主流でした。店舗を持たないサービスは、1990年代後半ごろに首都圏で誕生したと言われています。それが2005年に風俗営業にまつわる法律が大幅に改訂されて以来、驚くべき勢いで広まり、現在では日本の性風俗産業の中心的存在となっています。

デリヘルの数が増えれば、そこで働く女の子の数も増えます。現在わたしが代表を務めるデリヘルチェーン「カサブランカ・グループ」だけで、約400人の女の子が在籍し、毎日のように男性が待つ部屋の扉をノックしています。女の子たちは〝デリヘル嬢〟と呼ばれますが、〝嬢〟と略されることもあります。

わたしは30歳を目前にして突然、そんなデリヘル嬢のひとりになったのでした。そのほんの1日前までは、初対面の男性にいきなり性的サービスを行うことなんて、夢にも考えたことがなかった。自分とはまったく無縁の世界だと思っていました。

それなのにデリヘル嬢になった理由は、ただひとつ――お金が必要だったから、です。

朝の光のなかで心を決めた

当時のわたしは、10年間の結婚生活にピリオドを打ち、離婚したばかりでした。住み慣れた社宅を出て、9歳と8歳の息子と3人暮らし。元夫は子育てに協力的な人ではなかったから、ひとりで育てること自体に苦労は感じなかったけど、慰謝料も養育費ももらっていなかったので、生活は苦しいものでした。

息子たちの笑顔があればそれでいいと思う日もあれば、食べ盛りのふたりのお腹を満たせないことについて頭を抱えて悩む日もありました。兄弟そろって同年齢の子たちと比べて身体が小さかったのも、成長に必要な栄養を十分に与えてあげられなかったからでしょう。貧しさは身に染みていたけど、それがそのときのわたしの精一杯でした。でも、実家の両親に甘えることだけはしないと決めていました。そのために、近所のコンビニエンスストアで朝から晩まで働いたし、できるかぎりの節約をしました。睡眠不足や足のむくみと戦いながら、母子3人の生活が少しでも上向きになることだけを夢見ていました。

そんなある日、絶望的な事件が起きました。電気とガスが止められてしまったのです。料金を3カ月滞納すると、電気もガスも供給がストップします。未払い分を払いさえすれば復旧されるけど、すりきれた財布のなかにある1000円札1枚と小銭が、このときの長谷川家の全財産。コンビニでのお給料は、家賃と毎日の食費と子どもたちの給食費を支払えば、ほとんど手元に残りませんでした。いつかこんなことになるんじゃないかと覚悟はしていたけど……よりによって、真冬に止められるとは！

　ここ広島市でも、冬には最高気温が５度を下回る日があり、朝晩は暖房なしでは身体の芯まで冷えます。家にいるのにコートを着こむという珍事態を面白がっていた子どもたちも、冷えた残り物だらけの夕食の席では言葉数が少なかったな……。ガスコンロも電子レンジも使えない。だけど冷蔵庫まで電源が切れているので、できるかぎり残り物を片づけたい。そんなママの気持ちを理解するには、ふたりともまだ幼すぎました。

　その夜はいつもより早めに、ひとつの布団で身を寄せあって眠りにつきました。子どもって、体温が高くてあったかいな。そのぬくもりを感じていると余計に、

（わたし、こんなチビたちにまで、ミジメな思いをさせてるんだ……）

と、厳しい現実が胸に迫ってきます。だけど、わたしが考えなきゃいけないのは、

（電気とガスの料金、どうやって払おう？）

ということ。考えれば考えるほど焦って、頭のなかがぐるぐるして、寝つけませんでした。

　それでも、スースーという子どもたちの穏やかで愛らしい寝息を聞いているうちに、心が固まっていきました。日払いの仕事を探そう。手段は選んでいられない。明日働いて、

その場ですぐ報酬をもらわなければ、わたしたち親子はふたたび凍えてしまいます。

（こんな夜を繰り返さないためには、なんだってしてみせる！）

布団のなかでひとり拳《こぶし》を握りしめたころには、薄いカーテン越しに朝の白い光が入りこんできていました。

心を空っぽにして面接へ

翌朝、息子たちを学校へ送り出してから、まずは勤め先のコンビニに電話をしました。

「あのー、カゼ引いちゃったみたいで。あ、でも高熱が出てるから、インフルエンザの可能性もあるかも……。病院に行きたいんで、今日は休ませてもらえますか？」

オーナー夫妻は仮病を疑うどころか、体調を気遣う言葉をかけてくれました。ひとり休めば業務に支障が出るのに……。これも日ごろの勤務態度を認めてくれているからなのかな。そう考えると、なおさら心苦しくなったけど、立ち止まっている時間はありません。

わたしは別のコンビニまで自転車を飛ばしていき、求人情報誌を買いました。家に戻ってすぐにページをめくると、「ゼッタイ稼げます」「全員全額完全日払い」「未経験者歓迎」——このときのわたしには魅力的、というか魔力のような言葉が目に飛びこんできました。そのほとんどが〝女性コンパニオン〟を募集するもの。それがどんな仕事をするのか、まったく予想もつかなかったといえば、ウソになります。でも、

（考えない、考えない……）

と、自分に言い聞かせました。だって、考えたところでほかの選択肢はないんだから。

それにしても、掲載されてるお店の数が多すぎ！　わたしが知らないだけで、世の中には〝女性コンパニオン〟が働くお店がこんなにあったんだ。わたしはいったん雑誌を閉じ、深呼吸してから、パッ！　とふたたびページを開きました。何を基準に選んでいいかわからなかったから、運を天に任せようと思ったのです。そして、そのページのいちばん右上に載っていたお店の番号に電話をしました。コール音が3回ほど繰り返された後に、

「キャンディリップスです」

と男性が応答しました。酒焼けかタバコ焼けかはわからないけど、ザラついた声。わたし

は震える声で「求人情報誌を見たんですけど」と伝えました。

「あぁ？　こんな早い時間に……まぁ、じゃあ面接に来てください」

「いつですか？　わたし、まだ履歴書を用意してなくて……」

「別にいますぐでもいいッスよ。履歴書いらないし」

躊躇《ちゅうちょ》する時間が与えられないのは、わたしには好都合でした。急いで髪にブラシを通し、いちばん新しい、といっても数年前に買ったワンピースに着替えました。こうして身支度を整えているあいだも、スクーターを走らせているあいだも、地図を確認して指定されたマンションを探しているあいだも、ずっと心を空っぽにするよう努めました。

（わたし、これから何をしようとしてるんだろう？）

〝女性コンパニオン〟の仕事内容を考えると、その瞬間にスクーターをＵターンさせて自宅に帰ってしまいそうでした。でも、そこには電気が消えた寒々しい部屋が待っているだけです。わたしひとりならいいけど、子どもたちが学校から帰るまでに、あの部屋を温めておかなきゃ。その気持ちだけが、わたしを後押ししていました。

NGプレイってなんですか？

「デリバリーヘルス　キャンディリップス」の事務所は、アパートの1室にありました。築30年は経っていそうな、古びた建物でした。ドアを開けたとたん、室内から暖気が流れ出てきて、そのこもったにおいが鼻をつきます。スナック菓子やチョコレートのにおい、タバコのにおい、そして女性特有の、体臭と香水が混ざった甘ったるいにおい……。

「さっき電話してきた人だよね？」

迎え入れてくれた男の声には聞き覚えがありました。小1時間ほど前に電話越しに聞いた、あのイヤな声。男のほかに人の気配がなかったから、わたしは女性のにおいがすることを不思議に思いましたが、この事務所はいわゆる〝待機部屋〟も兼ねていたのです。在籍している女の子が出勤し、お客さまのもとにデリバリーされるのを待つための部屋。このときはまだ午前中で、誰も出勤していないようでしたが、部屋に染みついたにおいというか、気配のようなものを、わたしは嗅ぎとっていたようです。

そっけない灰色のデスクが置かれただけの部屋に通されました。そのデスクをはさんで向かい合うと、男は右手の中指と人差し指を差し出してきました。何かと思って見ると、2本の指のあいだに名刺がはさまれています。「ニシタニです」と名乗るのを聞きながら受け取ると、肩書きには〝チーフマネージャー〟の文字。そのあいだずっと彼の視線がわたしの顔に、胸元に、そして全身に刺さるのを感じていました。

（いま値踏みされているんだ、わたし）

視線にいやらしさはなく、わたしを物としか見ていないことがわかりました。主婦たちがスーパーで魚の鮮度を品定めするような目つき。どうしていいかわからず、わたしはただ身体を硬直させました。心のなかで声にはならない叫び声を上げながら。

いますぐこの場から逃げ出したい。息子たちにご飯を作ってあげたい。ふたりをぎゅっと抱きしめたい。「ママ苦しいよぉ」とはしゃぐ、幼い笑い声をいますぐ聞きたい……！

それなのに、わたしはなぜか西谷の質問にひとつひとつ答えていました。

「風俗の経験はある？」

「いえ、初めてです」

「アンタ、人妻？　子どももいるの？」

「バツイチで、男の子がふたり……」

「ずいぶん小さいけど、身長と体重は?」

「147センチで、35キロです」

「あ、そう。で、NGなプレイはある?」

「エヌジー?　それってなんですか?」

口を機械のように動かしました。西谷のタバコ臭い息をその声以上に不快に思いながら、わたしは、彼が紙に何かを書きこんでいく様子をじっと見つめていました。

源氏名を決めて、初仕事へ

突然、西谷が立ち上がりました。

「じゃ、一発目の仕事、行ってみようか」

……えっ、仕事って何?　行くってどこへ?　彼を問いつめたいのに、喉から声が出てくれなかった。さっきまでは訊かれたことに対して、よどみなく答えられていたのに、どうして？

「12時ちょうどに予約入れといたからさ」

　黙りこむわたしを見下ろし、それがごく当たり前のことのように言う西谷。さらに、

「もうドライバーがここの前に車回して待ってるんだから、急いで」

と急《せ》かされます。何がなんだかわかんないよ！　ってキレたかったけど、わたしは、

「つ、つまり、採用ってことですか？」

と尋ねていました。それが限界。西谷はそんなわたしをチラリと見やって、

「まぁ、一応ね。新人好きな客だから、勉強させてもらってこいよ」

と面倒くさそうに答え、手元にあるポストイットに走り書きをし、わたしに手渡します。

「料金は60分で1万５０００円。うち７０００円がアンタの取り分だ。部屋に入ったらすぐに何分コースにするか客に訊いて、俺の携帯に電話すること」

　ポストイットに書かれていたのは、車のナンバーらしき数字と、０８０から始まる電話の番号。わたしがそれを受け取ると同時に、西谷は思い出したかのように訊いてきました。

「そうだ、名前どうする？」

名前――源氏名のことです。デリヘル嬢にとっては欠かせないものですが、この世界に最初の一歩を踏み出そうとしているわたしには、なんのアイデアもありません。

「マリ……。うん、マリでお願いします」

咄嗟《とっさ》に答えたのは、幼なじみの女の子が飼っていたイヌの名前でした。フカフカとした、長い茶色の毛の雑種犬で、わたしにもよくなついてくれていたなぁ。わたしたちが中学のときに老衰で死んだんだっけ。なぜマリのことを思い出したのかはわからなかったけど、この思いつきは緊張しきったわたしの心を、ほんの少しほぐしてくれました。

「ふーん、マリね。まぁいいんじゃない？　でさ、アンタ若く見えるから、21歳の女子大生ってことでよろしく」

この部屋に入ってまだ15分ほどしか経っていないのに、耳を疑うことばっかり！　21歳の女子大生……いくらなんでも無理でしょ⁉　わたしのお腹には、ふたりの男の子を産んだときの妊娠線がくっきり残っています。それに、高校を卒業してすぐに結婚したから、大学生活についてごく基本的なことすら知らないのに。

めまいがしました。けれど、わたしの頭は女子大生になりきらなければならないプレッシャーで、すでにパンク寸前。西谷に反論することすら思いつかなかったのです。

初めてのお客さまは〝新人好き〟

こうして、「キャンディリップス」のデリヘル嬢、マリちゃん（21歳）が誕生しました。

さっさと行けよ、と言わんばかりに背を向ける西谷。カチッカチッとライターの音が聞こえてくるから、タバコを吸おうとしているのでしょう。でも、わたしにはどうしても訊いておかなければならないことが、ひとつありました。

「あ、あの……」

問いかける声は、自分でも驚くほど上ずっていました。引き返すなら、いまだ！　身体の内側で、避難警報が鳴っていました。「やっぱり辞めます」「わたしには無理です」「ごめんなさい、帰ります」――どれかを口にして逃げれば、わたしはわたしのままでいられる。だけど、そんな気持ちを自ら裏切って、わたしは西谷に尋ねていました。

「わたし、何をすればいいんでしょう……そのー、お客さまに……」

ぽかんと開いた西谷の口が、ニヤリとゆがんでいくのを、わたしは黙って見ていました。不愉快な言葉を、臭い息とともに発する唇。それを知っているのに、目を反らせなかった。予想を裏切らず、黄色い歯と歯の隙き間から、下卑《げび》た言葉が吐き出されました。

「決まってんだろ。ヌいてくればいいんだよ、ヌいてくれば」


30数分後、わたしは「２０１」とプレートが貼られたドアの前に、ひとり立っていました。深呼吸を３回。でも、動悸のような息苦しさは収まる気配もありません。

（今日だけだから……最初で最後だから）

この２０１号室から出てくるとき、わたしの手のなかにはお金がある。それで電気代を払って、家に帰り、部屋の灯りをともす。そこまでしたら、もう二度とこの世界には足を踏み入れない、西谷と顔を合わせることも二度とない……なんだ、簡単なことじゃん。そうやって気持ちを整理することで、わたしは自分の背中を後押ししました。

チャイムを鳴らす前から、ドアの向こうには人の気配がありました。ドアスコープを通して、わたしの姿を確認しているんだ……。わたしが生ツバを飲みこんだのと、ドアが開いたのはほぼ同時でした。背の低いわたしには、男性の胸しか見えなかった。色褪せたTシャツの、ちょうどロゴのあたり。着古したものを部屋着として使っているんだな。いかにも独身生活という感じ。なぜか離婚した元夫のことを思い出しました。

「キャンディリップスの新人ちゃん？」

頭上から質問が降ってきて、わたしは首を縦に振りました。顔を上げて営業用スマイルのひとつでも見せたほうがいいんだろうけど、そんなの無理。無愛想な態度が初めてのお客さまに対して失礼にならないかと不安になったものの、彼は気にもしてない様子で、

「金井です」

と短く自己紹介をし、「どうぞどうぞ」と上機嫌でわたしを部屋に招き入れました。

デリヘルを利用する男性のなかには、一定の割合で〝新人好き〟が存在します。金井さんはまちがいなく、そのひとり。女の子の初々しい態度を楽しむだけならいいのですが、なかには困った企みを持った人もいます。もちろん、このときのわたしには、彼がどちら

のタイプの〝新人好き〟なのかを見破る力はありませんでした。

そして、ここから先の記憶がすっぽりと抜け落ちています。

金井さんの部屋がどんな様子で、わたしたちはどんな会話をしたのか。いつ服を脱ぎ、下着を全部はずして裸になったのか。どうやって〝サービス〟を始めたのか、どんな顔でお金を受け取ったのか……。いまになっても、何ひとつ思い出せません。

記憶がよみがえるのは、ドライバーが運転する車の後部座席でただ呆然としているところから。車は広島市街地に戻る道を走り、太陽はまだ高い位置にありました。ふだんならコンビニのレジに立ち、子どもたちはもう帰ってるかしらと考えている時間。ランドセルを背負った男の子のグループが、歩道を駆けていくのが見えました。誰かの家で遊ぶ約束でもあるのかな……。その平和な光景を前に、わたしはやっと、あることに気づいたのです。頬が、濡れていました。まるで顔を洗った後のように、ぐっしょりと。

（わたし、泣いてる？）

両手で頬に触れ、水分の出所を探ると、両方の目に行き当たりました。そうしているあいだにも、涙が途切れることなくあふれ出てきます。しゃくりあげることもなく、バッグからハンカチを出すこともなく、涙をただただ流れ出るままにするわたし。ドライバーは何も言わずハンドルを握り、前だけを見て運転していました。新人にはよくあることだからか、そもそもわたしに関心がなかったからなのかは、いまでもわかりません。

そう、この日の出来事はわからないことだらけ。自分で何も把握できないうちに、すべてが始まり、すべてが終わっていました。でも、そんななかでひとつだけ、たしかなことがありました。それは、脚のあいだに残る違和感です。頭では覚えていなくても、身体ははっきりと訴えかけていました。わたしのここに、男性自身が侵入したのだと。

デリヘル界のルールも知らなかった

デリヘルというサービスは、〝セックス〟をしてはいけない決まりです。これをしたことが発覚すれば、違法行為として、女の子やお客さまだけでなく、店も処罰の対象となります。だから、デリヘルでは主に口や手で男性に快楽を与え、射精まで導くことはあっても、セックス、つまり男女が性器をつなげあうことはしません。

でも、このときのわたしは、デリヘル嬢歴たったの数時間。そんな基本的なことすら知らなかった。どこまでも無知で、それゆえ無防備でした。金井さんは、そこにつけこんだのでしょう。一部の〝新人好き〟が企む困ったこと、それは「デリヘル嬢になりたての女の子は何も知らないから、セックスまで持ちこんでしまおう」というものです。

もちろん、そうでない男性もたくさんいます。新人デリヘル嬢にこの世界のルールやテクニックをやさしく丁寧に教えてくれる方々です。店から新人の教育と実習をお願いすることもあるくらいで、現在、カサブランカ・グループでは女の子の安全を考えて、新人のデビューはすべて、善意ある〝新人好き〟の男性にお任せしています。

一方で困った〝新人好き〟は「みんなやっていることだよ」と何も知らないデリヘル嬢を押し倒し、自らの欲望を果たすことしか頭にありません。それほど気の弱い子でなくても、たいていの新人は断りベタ。それを見越して、ときには乱暴な口調で迫り、強引にコ・トにおよぶ……そんな男性は、店にとっても女の子にとっても、許せない存在です。

ところが、〝困った〟存在は、男性客だけではありません。なんと個人的判断で、お客さまとセックスしてしまうデリヘル嬢がいるんです。「料金プラスするからさぁ」と誘惑されると、お金に困っている女の子はつい応じてしまいます。お小遣い欲しさに、自分から お客さまに交渉する女の子もいるようです。

これはもちろん、許されることではありません。「黙っていればバレない」と思っているのでしょうが、この世界はそんなに甘くない！ ひとりのデリヘル嬢がＯＫしてしまえば、お客さまはそのオイシイ思いを忘れません。そして、別の女の子を指名したときにも「○○ちゃんはヤラせてくれたのに」とセックスを迫ります。なんとか断ることができたとしても、その女の子は傷つくでしょう。〝挿入はナシ〟というルールをまじめに守っている女の子がバカを見るようなデリヘルであってはならないと、わたしは思います。

誘惑したにしてもされたにしても、お客さまとセックスをしたことが発覚したデリヘル嬢には、厳しいペナルティが待っています。解雇《クビ》です。明らかな違法行為だし、同僚の女の子たちに迷惑をかけるし、店の秩序を乱す行いなのだから、当然のことです。

この日のわたしはまだ、デリヘル界の厳しいルールを知らされていなかったので、ペナルティにおびえることはありませんでした。ただ初対面の男性とセックスをしたという事実に打ちのめされていただけです。もし、このことが西谷にバレて「クビ！」と言われたところで「クビにでもなんでもしてよ！」と逆ギレしていたと思います。

かといって自棄《ヤケ》になっていたわけではありません。心が通いあっていない相手の肉体を受け入れるのは生まれて初めてで、とても苦い体験だったけど、それよりも何よりも、

（ごめんね）

その思いだけで、わたしの胸は占められていたのです。息子たちに対して申し訳なくて、謝りたくて……。生活のため、子どもたちを食べさせるため、今夜暖かい部屋で眠るため

――ほかに手段はなかった。でも、

（ママを許してね）

長男の桜太と次男の春太《しゅんた》には、何があっても知られたくない。自分がしたことを恥じるつもりはなかったけど、ふたりは男の子。いまは幼いからわからないとしても、成長してから秘密を知ったら、ママを軽蔑するかもしれない。そう考えただけで背中に悪寒が走り

ました。隠さなきゃ、秘密にしなきゃ、守りとおさなきゃ……。

わたしの値段は７０００円

不安がうず巻く胸の内とは裏腹に、わたしの手はお札をしっかり握りしめていました。1万円札が1枚と、１０００円札が5枚。60分間のサービスに対して、金井さんが支払った金額です。これから車は事務所に戻り、わたしは西谷に1万５０００円を渡し、そこから７０００円を自分の取り分として受け取るのです。

（わたしの値段は、１時間で７０００円なんだ）

身体を開いて受け取る報酬としては安いの？　高いの？　考えたところで、わかるわけがない。でも、少なくともコンビニでのアルバイトの時給と比べると、10倍近い金額です。1日立ちっぱなしで働いてもらうお金を、わずかな時間で手に入れた！　これで公共料金を支払えば、今夜は温かい食事ができる。子どもたちが寒さに泣くこともない……。この事実に気づいた瞬間、手に力が入り、お札がカサリと乾いた音をたてて潰れました。

とはいえ、これは親子3人の経済危機を乗りきるには、まだまだ足りない金額でした。家賃の振込日が近づいていたし、息子たちの給食費も……。不安は尽きません。そのうえ、もし子どもが突然、熱を出したらどうしよう？　いまの生活では、病院に連れていってあげられないかもしれない。

「明日もこの仕事をしよう」

それは、決意というほど大層なものではありませんでした。生きていくためには、家族3人が生活していくためには、ほかに方法がないとわかっちゃった。ただそれだけのことでした。明日もう一度仕事をすれば、もう7000円が手に入る――。きっと明日だけでは済まないことも、このときにはもうわかっていました。明後日も、その次の日も、1週間後も1カ月後も、もしかしたら半年後も。

涙は自然に止まりました。ポーチから、キティちゃんのシールが貼られた手鏡を取り出し、のぞきこむと、目が真っ赤っ赤。まぶたも腫れぼったくなって、自慢の二重がぼてっとした奥二重に……。こんな顔のままじゃ愛しの息子たちに会えない！　幼いわりに人の心に敏感なふたりは、絶対にママの異変に気づいてしまうから。

「わたしはキャンディリップスのマリちゃん、わたしはキャンディ……」

呪文のように何度も繰り返し、無理やりに口の端を上げて笑顔を作りました。無理に作った表情でも、笑顔は笑顔。子どもたちの前に出たときの予行演習のつもりだったのに、わたし自身まで勇気づけられました。大丈夫、わたしはやっていける。前に進んでいける！　だってわたしは、あの子たちのママなんだから……。


こうしてわたしは、デリヘル嬢になりました。後戻りできない道を、歩きだしたのです。

初めてのお客さまというのは忘れられないものです。おそらくわたしだけでなく、どのデリヘル嬢にとっても同じでしょう。初出勤の日以降、金井さんから指名されることはなかったから、デリヘル嬢として彼に会ったのは、あの日が最初で最後。でも街中でバッタリ顔を合わせたことが、一度だけあります。お互いに気づいてはいても、言葉を交わすことも会釈をすることもなく、ただ黙ってすれちがうだけでした。

いまでも彼は、新人のデリヘル嬢ばかりを狙って指名しているのでしょうか？　そして、言葉巧みに女の子にセックスを迫っているのでしょうか？　それは確かめようがありませんが、私の経営するカサブランカ・グループに彼が電話してくることがあったとしても、新人をデリバリーすることはありません。彼がどんなふうにわたしを抱いたかは記憶になくても、新人デリヘル嬢として心細さに震えたことは、いまでもしっかり胸に残っているから。同じ思いをグループの女の子たちにさせたくはないのです、絶対に。

第2章

音楽が大好き!
～オーケストラを夢見た子ども時代～

カサブランカ・グループには、毎日たくさんの女の子から応募が寄せられます。ストレスから買い物に走って借金を作ってしまったOLさん、夫がリストラされて家計を支えようと必死の主婦、かつてのわたしのように女手ひとつで子どもを育てているシングルマザー――100人のデリヘル嬢がいれば、そこには100通りの事情があります。

生まれたときからのデリヘル嬢なんて、ひとりもいません。わたし自身も広島市内の、ごくごく一般的な家庭に生まれました。友だちと遊び、音楽に夢中になって、アルバイトをし、オシャレをして、恋をして……誰もが経験するような青春時代を過ごしたのです。

少女趣味な母と、活発な娘

電子機器メーカーに勤める父と、趣味のパン作りが高じて小さなベーカリーショップをオープンさせた母のあいだに、わたしは誕生しました。長谷川家にとって初めての子どもで、待望の女の子。両親のかわいがり方はハンパじゃなかった。実家にあるアルバムを開けば、父が撮った小さなわたしの姿であふれています。母の胎内にわたしが宿ったことを知った父は、すぐに当時としては高額だった一眼レフカメラを買いに走ったそうです。

どの写真を見てもわたしは、レースやフリルがたっぷりとついた、砂糖菓子のようにかわいらしい洋服を身に着けています。すべて母がミシンを踏み、作ってくれたもの。母の少女趣味は、尋常ではありません。自分が着るものにもそのこだわりを注ぎこむので、50歳を過ぎたいまでも彼女は、小花柄などラブリーなモチーフのワンピースに身を包み、スーパーに出かけるにもパラソルとバスケットが必須。ビニール傘とかスーパーのレジ袋とか、かわいくないものを持ち歩くのが大嫌いなのです。

でも残念なことに、幼稚園に通うようになったころからわたしは、活発な子どもへと成長していきました。女の子たちとリカちゃん人形で遊ぶよりも、男の子と一緒に駆けまわるほうが楽しい！　小学校では毎日ドッジボールや野球をして遊んでいたから、身体は傷やアザだらけ。自由に動けるよう常にジャージ姿でした。母はそれだけでも不服そうでしたが、わたしが無断で髪をばっさり切りショートヘアにしたときには、

「華《はな》ちゃん、どうしたん、その髪ッ!?」

と叫んで、その場に卒倒……。毎朝、わたしの髪を丁寧にブラッシングし、おさげや編みこみを作るのが母の喜びだったのです。まぁ母の気持ちもわからなくはなかったけど、髪も服も男の子そのものって感じの自分を、わたしはけっこう気に入っていました。

ところが、彼女はそう簡単にあきらめませんでした。わたしの負けず嫌いは、まちがいなく母譲りのようです。ある朝、学校に行こうとしていつものジャージに着替えると、

「ん？　なんかヘン？」

よく見ると、ジャージの袖口とズボンの裾にフリルが！　母が夜中にこっそりとミシンで縫いつけたものでした。ここまでされると、わたしも根負けです。袖と裾だけ妙にフリフリした、ラブリーなジャージを着て登校しました。

大きな楽器に魅せられて

一歩外へ出ると活動的でしたが、家のなかでのわたしの定位置は、ステレオセットの前。

雨で外で遊べないときや、母が仕事中でわたしの相手をしてくれないときなどは、何時間でも音楽を聴いていました。両親ともクラシック音楽のファンで、家にはレコードが大量にコレクションされていたし、食事どきは必ずＢＧＭとして流していたから、わたしがクラシックに興味を持つようになったのは、とても自然なこと。まずはモーツァルト、次はショパン……。見よう見まねでステレオの操作も覚えました。

テレビ番組も、アイドル歌手中心の音楽番組には興味ゼロ。クラシックのコンサートが放送されているときだけ、かじりつくように見ていました。それ以外でお気に入りだった番組は、ＮＨＫ教育テレビの『ふえはうたう』。リコーダーの音色が大好きで、オープニングの曲が流れると、何をしていてもテレビの前にダッシュしていました。

そして８歳の夏休み。ローカル番組で、広島交響楽団の演奏を見ていたときのことです。わたしの視線は、ある1点にググッと吸い寄せられました。

それはオーケストラの花形であるバイオリンではなく、フルートのようなきらきらとした管楽器でもなく、とても地味な楽器でした。向かって右手後方で大きな楽器を抱えるようにして立ち、弓を動かして音を奏でている人たち……。なんて楽器だろう？　もともと身体が小さかったせいか、その楽器の大きさに圧倒されました。そして、それを抱きかかえ、全身のエネルギーを注ぎこむようにして音を響かせるその姿が、とてもカッコよく見えたんです。この楽器について、わたし、もっと知りたい！

好奇心に火がついたわたしは、キッチンにいる母のもとまで走りました。「いまお夕飯の支度してるから、あっちでおとなしくしていなさい」と母が言っても、エプロンの端をしつこく引っぱり、無理やりテレビの前まで連れていきました。

画面のなかでは、まだ演奏が続いていました。でも、なかなか目当ての楽器が映りません。金色にきらめくトロンボーン、皮のうえで2本のばち《マレット》が跳ねるティンパニ……あ、映った！　わたしは勢いよくテレビを指差し、高らかに宣言しました。

「華、この楽器を弾けるようになりたいの！」

大きくて、深くやさしい音を出す楽器——それは〝コントラバス〟という楽器でした。

3カ月後、子ども用のコントラバスが自宅に届きました。子どもが自分から「やりたい」と言い出したことは、なんでもやらせてやろうというのが、ウチの両親の方針。さっそく、わたしのためにオーダーしてくれたのです。自分の楽器を持つなんて生まれて初めてのことで、わたしは興奮しきりでしたが、両親はひとり娘のために、もうひとつのサプライズを用意していました。それは、コントラバスの先生です。広島交響楽団に所属していたという、当時のわたしにとっては最も輝かしいと思える経歴の持ち主でした。

これ以降、わたしの小学生ライフは、週に2度、母親が運転する車でコントラバスのレッスンに通い、残りの曜日は相変わらず男の子たちと走りまわるというものへ変わりました。音楽とドッジボールが、世界のすべて。将来の夢も決まりました。「大人になったら何になりたい？」と訊かれたら、誰よりもはきはきと、「広島交響楽団のコントラバス奏者です！」と答えるようになっていました。

オーケストラにおいて、コントラバスは主旋律を演奏することはほとんどなく、ベースラインとなる低音を響かせるばかりです。母は応援してくれながらも、「何が楽しいんだか」と笑い、「バイオリンのほうが、女の子らしくていいのに」とボヤきましたが、わたしはあの重低音が大好き。身体の芯まで染み入るようで、耳にするだけで安心したし、自分だけがこの音の魅力を知っているという優越感で胸が満たされました。

弾けるんじゃろ、ベース？

クラシック音楽一辺倒となるとわたしぐらいでしたが、クラスメイトたちも音楽には興味があったようでした。広島市はもともと、音楽が盛んな街。吉田拓郎さん、矢沢永吉さん、浜田省吾さんら、数々の有名ミュージシャンを輩出していて、地元の少年少女たちにとっては、尊敬と憧れの的でした。仲良しの男の子のなかには「中学生になったらバンドを組むんだ」と目をキラキラさせて話す子もいました。

12歳になり、ますますコントラバスに夢中になっていくわたしのもとに、来客がありました。チャイムが鳴って玄関を開けると、見知らぬ学ラン姿がふたつ。片方はややぽっちゃりして、もうひとりは長身のノッポ。ランドセルを背負った小学生からすれば、中学生は別世界の人です。何しに来たんだろ？　と思っていると、彼らが声を揃えて、

「あのッ、華ちゃんいますか!?」

と言うから、びっくり。口をぽかんと開けて返事をできずにいましたが、頭のなかでは、

（わたし、何かしたっけ？）

とオタオタしていました。それでも彼らは〝華ちゃん〟がわたしだと察したらしく、自分たちは、同じ町内に通う中学２年生だと自己紹介をしました。そして、いきなり、

「なぁ、俺たちのバンド入ってくれん？」

と切り出したのです。わたしは、彼らが何を言っているのか理解できませんでした。

（バンドって……ギターがいてドラムがいて唱《うた》う人がいる、アレのこと？）

オーケストラについては詳しくても、バンドについてはまったく無知でした。でも、もっとわからないのは、なぜ見ず知らずの中学生が、わたしをバンドに誘っているのかということ。ひと言も発することができずに立ち尽くす12歳の女の子を前に、少年たちはモジモジしはじめました。わたしからは大人に見えても、彼らだって年端《としは》もいかない子どもだったのです。ほかに言葉を用意してこなかったらしく、どうしていいのかわからない様子で頭をかいていましたが、やがて背の高いほうの少年が口を開きました。

「あのー、ベースを弾ける女の子がいるって聞いてきたんじゃけど……」

そう訊かれても、わたしは「……」と沈黙を続けるだけ。何か言ってあげたくても、質問の意味が理解できなかったから。まるで知らない国の言葉を聞いている気分で口を閉ざ

していたわたしを見かねて、それまで家の奥から様子をうかがっていた母が出てきました。ベーカリーショップに出ているときと同じ愛想のいい笑顔を中学生に見せてから、母はわたしに向き直り、

「ほら、華ちゃん、いつも弾いとるじゃろ。ベースよ、ベース」

と言って、左手を肩の高さに上げて何かを抱きかかえるポーズをし、同時に右手を脇腹のあたりで動かし……そのジェスチャーを見て、ようやくわたしもピンときました。

「あ、バスのこと？」

コントラバスはよく〝ベース〟とも〝バス〟とも言われます。わたしが口にしたその言葉を耳にした途端、少年たちは弾《はじ》かれたように話しだしました。

「そうそう！　弾けるんじゃろ、ベース？」

「すっごく上手だってウワサを聞いたけん」

「俺らんとこ、いまベースの奴おらんし……」

「だから、ちょっと聴かせてほしいんじゃけど⁉」

これまで無口に見えた少年たちの口から、マシンガンのように繰り出される言葉に、わ

たしはタジタジ。無言で母を見上げて助けを求めたのに、何を勘ちがいしたのか、

「いいじゃないの。上がってもらいなさいな」

と母は心なしか面白がっている様子。あーあ、お母さん全然わかってないや。わたしは小さくため息をついてうなずきました。

応接間に通すと少年たちは、さっきまでのハイテンションはどこへやら。借りてきた猫のように、おとなしくソファに腰かけました。母が彼らのためにお菓子を用意しているあいだに、わたしは2階の自分の部屋からコントラバスを下ろしてきました。身長と同じぐらいのケースを抱えて現れたわたしを見て、ふたりは同時に、

「……へ？」

と目が点に。サイダーをゴクンと飲み下す音が、やけに響きました。何をそんなに驚いてるんだろう。あなたたちが聴きたいって言うから、わたしはコレを持ってきたのに。

「もしかして、ベースってそれのこと？」

わたしはうなずきました。

「うん、コントラバス」

今度は少年たちの口がぽかんと開く番でした。さっきから彼らに驚かされっぱなしだったから、何か仕返しができたようで小気味いい気分になり、わたしはいそいそと楽器をケースから出しました。簡単にチューニングすると、彼らの目がわたしの手元に釘づけに。その視線をたっぷり意識しながら、習ったばかりの練習曲を弾きあげました。

それがなんという曲なのか知るはずもないのに、少年たちはまた態度が一変。今度はパチパチパチパチパチ……と、せわしなく拍手をし、ふたりでしきりにうなずきあっています。

「あ、あのさ」

先に声を発したのは、またも長身の少年でした。

「これから俺たちと一緒に来てくれん?」

興奮気味に少年たちが話したことをまとめると、彼らはここ3カ月ほどバンド活動をしてきたけど、ケンカをしてベーシストが脱退。代わりとなる新しいベーシストを探しているとのこと。ふたりは「ぶち(すごく)うまい奴を絶対見つけてくるけん!」と宣言して出かけてきたそうです。そして、繁華街にある貸スタジオでは、なんといままさに、ほかのメンバーがベーシストの到着を待っていると言うのです。

彼らの顔には「やっと見つけた」という安堵感と、「この子、本当に来てくれるんかな？」という不安がごちゃまぜになっていて……その表情を見て、イヤだなんて言えるわけないじゃない。困っている人を見ると放っておけないのは、生まれつきの性分《しょうぶん》でした。

「〝バス〟は持っていきますか？」

と尋ねると、少年たちはフーッと長い息を吐き、小さくガッツポーズ。「その楽器はいらん」と言ってそそくさと立ちあがりました。内心ではよほど焦っていたのでしょう。

わたしは母に付き添ってもらって、スタジオまで出かけることになりました。車に揺られているあいだ、助手席のわたしも、後部座席の少年たちもずっと無言でした。緊張していたんです。行く先で何が待っているのか、誰にも想像がつかなかったから……。

寝ても覚めても音楽漬けの毎日

「弾いてみて」

スタジオに入るとすぐに、見たこともない楽器を手渡されました。エレキベースです。初めて会う少年は、4人に増えていました。事態はなんとなく飲みこめつつあったけど、まさかいきなりこんな無理難題を突きつけられることになるなんて。ハードル高すぎ！ムカムカしたから、「弾けるわけないじゃん」とその楽器を突き返そうとし、その瞬間、

（あれ？）

わたしは気づいたんです。この楽器が、自分が8歳のころから毎日のように触れ、慣れ親しんできたものと、そっくりだということに。コントラバスもエレキベースも、弦は4本。楽器としては同じ構造なのです。ちがいといえば、コントラバスが弦を弓でこすったり、指で弾《はじ》いたりして音を出すのに対して、エレキベースはピックで弦を弾《はじ》くことぐらい。

（わたし、これ弾ける！）

直感的にひらめいたわたしは、肩からストラップでエレキベースをつるし、指で弦を弾きました。ボーーーンッ……。お腹の底まで響く、重くて心地よい音。空気と一緒にわたしの心も震えました。母や少年たちが見ていることも忘れて、初めての音を体中で吸収し、酔いしれたのです。

瞬時にしてひとりの世界に入り、弦を弾いては音と戯れているわたしを見て、何かを確信したのでしょう。最初に会った長身の少年が、

「これ、弾ける？」

と言ってカセットデッキのボタンを押しました。やがて流れてきた曲のベースラインをとらえる耳、無意識のうちに動き出す指。初めて聴いた曲でベースが奏でている旋律を、わたしは寸分の狂いなく再現していました。小学校６年生にしてコントラバス歴４年、わたしは一度耳にした音楽を楽器で再現できる〝耳コピ〟ができたのです。

その後、少年たちの熱烈な誘いを受けて、わたしは彼らのパンクバンドの一員となりました。父は少し眉をひそめたけど、新しい物好きの母は大はしゃぎ。わたしはますます音楽漬けの毎日を送ることになりました。朝はクラシックの調べを聞きながら朝食を食べ、学校から帰るとすぐにエレキベース（これも両親が買ってくれました）を担《かつ》いでバスと路面電車を乗り継ぎ、スタジオに向かいました。演奏している音楽は過激でしたが、バンドメンバーの少年たちは音楽に熱中しているだけのマジメな子ばかりで、不良っ気はまったた

くナシ。練習後だって、ジュースで乾杯するだけなんだから、かわいいもんです。いま振り返っても、実に健全なバンド活動でした。

ただ、身に着けるものだけは劇的に変わりました。中学に入学したころからオシャレに目覚めたわたしは、男の子みたいなジャージ姿はもう卒業。ドクロが描かれた革ジャンや、ところどころ裂け目が入ったチェックのミニスカート、有名バンドのロゴがプリントされたロングTシャツ……。誰が見ても完ぺきなパンク少女に変身していたのです。

ラブリーな少女趣味の母がこんな姿を見たら寝こんでしまうんじゃないかと思いきや、意外なことに彼女はとても協力的でした。テイストはちがっても、娘がこだわりを持ってオシャレをするだけで、うれしかったようです。Tシャツにスタッズを縫いつけてくれたこともあったっけ。急激に変貌したわたしを見て、近所のオバサンたちは、

「長谷川さん家《ち》の華ちゃんは、不良になった」

とヒソヒソ話をしていたとか。気合いの入ったパンクファッションも、彼女たちの目にはヤンキーファッションにしか見えなかったようですが、母は気にする様子もなく、

「センスのない人の言うことは、無視無視。オシャレは気合いよ！」

と笑い飛ばしていたそうです。

わたしは週に2度の、コントラバスのレッスンにも通いつづけました。パンクバンドでいつか有名になりたいという夢と、広島交響楽団の一員となって一生コントラバスを演奏していきたいという夢。どっちもあきらめられない。ううん、両方かなえてみせる！

同じ構造の楽器なのに、エレキベースには血がざわざわと逆流するような興奮があり、コントラバスには身体ごと包まれるような安心感がありました。このときのわたしは、そのふたつともを手に入れたかったし、音楽がない人生なんて考えられませんでした。

暇さえあればどちらかの楽器に触れているわたしだったから、勉強は大嫌い！　宿題をしなくて先生に怒られても「だから？」と、どこ吹く風。反抗的だったのではなく、わたしにとっては、楽器に触れている時間のほうがよっぽど大切だっただけのことです。

ろくに受験勉強をしなかったのに

それでも中学3年生になると、さすがに焦りを感じはじめました。クラスメイトたちは受験を前にして目の色が変わり、おしゃべりをしているときも「志望校」「滑り止め」という言葉が出てくるようになりました。「華は、どこの高校受けるん?」と訊かれると、胸にチクッと針が刺さったように不安になりましたが、「きっとなんとかなる」と自分をごまかし、相変わらず音楽活動に励んでいました。それというのも、年上のバンドメンバーたちがろくに勉強しなくても高校に進学できたのを見ていたからです。実際には彼らだって、見えないところで努力していたのかもしれないのに。

いつものとおり2時間のレッスンが終わった後、コントラバスの先生が紅茶を淹れながら、話しかけてきました。8歳から通い続けていたから、先生とはもう家族同然。学校でイヤなことがあったり、母親とケンカしたりすると、いつも相談に乗ってくれました。

「華ちゃんは、高校はもうどこに行くか決めたのかしら?」

「まぁ、まだはっきりとは決めとらんけど……」

あいまいに答えはしたけれど、勉強が苦手で、受験について真剣に考えることを先へ先へと延ばしているわたしの気持ちなんて、先生はとっくにお見通し。ついでに母が話していたから、わたしの成績が音楽以外は最底辺レベルっていうことも筒抜けでした。

「じゃあちょっと考えてみてほしいんだけどね、Y女子高校が、コントラバスを弾ける生徒を欲しがっているのよ」

わたしはハッと先生を見上げました。

「あそこはマンドリン部が強くて全国大会にいつも出場してることは、華ちゃんもよく知ってるでしょ。コントラバス奏者がひとりいたけど、3年生だから今度の春で卒業しちゃうらしくて……。わたしから顧問の先生に話しておくから、推薦を受けてみない？」

Y女子高の名前は、当然知っていました。スポーツでも音楽でも部活動に重点を置いている高校で、運動部はインターハイの常連。ブラスバンドやマーチングバンドも、全国大会で活躍する名門です。マンドリン部も強豪で知られていて、卒業生のなかには、東京や大阪の音楽大学に進み、その後はプロの世界で活躍している人も多いと聞いていました。

「先生、マジで⁉」

広島交響楽団のコントラバス奏者になる――その夢が向こうから近づいてきた！　一歩一歩、その足音まで聞こえたような気がしました。先生は、

「ええ、まじめなお話ですよ、あなたがその気ならね」

と、おっとりとうなずきます。わたしはソファから立ち上がり、先生に抱きつきました。

「行く！　Ｙ女子高のマンドリン部に入ります！」

こうしてわたしは、誰よりも受験に取り組むのが遅かったくせに、クラスでいちばん早く進路を決めてしまいました。飽きっぽいわたしがどういうわけかコントラバスとバンド、音楽だけは投げ出すことも、くじけることもなく続けてこられた。

（ずっと願っていれば、夢ってかなうんだ！）

大きなコントラバスを担いでいるのに、帰り道の足取りは羽根が生えたように軽やかでした。このまま未来まで飛んでいけそう。怖いものなど何もない、15歳の春でした。

第3章

彼はわたしの王子さま

～恋をすると一直線だった少女時代～

「彼氏ができたけん、もうこの仕事はできません」——そう言って、デリヘルの世界を卒業していく女の子は少なくありません。好きな人がいるのに、別の男性とふたりきりで過ごし、性的サービスを行う仕事を続けるのは、思いのほかつらいことだから。

ひとりの女性としては、彼女たちがすてきな男性と出会ったことを共に喜び、祝福と共に見送ってあげたい。でも、経営者としては、人気嬢に突然辞められると困ることもしばしば。でも、これぱかりはしようがない。いつどんなタイミングで恋に落ちるかなんて、誰にも予測できないんだから。わたし自身、高校3年生のときに、その後の一生を左右する男性と出会いました。自分のすべてを捧げて、この人と一緒にいたいと心から思った。だから、彼女たちの気持ちがよくわかるのです。

軍隊並みに規律正しい高校生活

1日中コントラバスを弾いていられる！　卒業したら広島交響楽団に入るんだ！　と胸

を高鳴らせて入学したY女子高。もしかすると、わたしがこれまで生きてきたなかで、いちばん希望に満ちていた瞬間だったかもしれません。……しかしそこでわたしを待っていたのは、想像を絶する生活でした。

Y女子高を支配していたのは、校則でした。ううん、校則というより、あれは軍隊の規律に近かった。許されている髪型は、おかっぱ、ショートヘア、三つ編みにしたロングヘアだけ。しかも、指定の美容院以外で髪を切ってはいけないと決められているのだから、オシャレに興味を持ちはじめる思春期の女の子たちにはつらいことです。

でも、進学が決まった当時のわたしは、早く高校の制服を着たくて待ちきれないほどでした。Y女子高の制服は、当時人気のデザイナーズブランド。紺のブレザーにチェックの巻きスカートっていうコーディネイトは、わたしも母もお気に入り。手元に届いたときは「かわいい〜!」とふたりで言い合って、身に着けては写真を何枚も撮りました。

ところが、校則でその着こなし方が事細かに決められていたんです。ブレザーの袖は手首から1センチオーバーする長さをキープする、巻きスカートを止める金色のピンは裾から何番目のチェックの部分にまっすぐ付ける……パンク少女としてはスカートは短めにして、ピンは斜めに止めたかったけど、そんな格好では校舎にさえ入れてもらえない！　さらに、原稿用紙5枚の反省文が待っていました。

校門から校舎まで続く桜並木。春にはきれいな花が咲き誇るのに、わたしたちはそれを見ようともせず、じっとうつむいて校舎を目指しました。その理由は、桜の木のしたに並ぶ、風紀委員の上級生。登校する生徒の頭からつま先まで視線を這《は》わせ、髪型からスカートの長さ、ピンの位置、紺のハイソックスの長さまでをチェックするのです。執拗に点検する目は、ヘビの目そのもの。わたしは入学早々、学校にいるあいだだけでも「この世にオシャレっていうものはない」と思いこもうと、自分に暗示をかけました。

身だしなみだけでなく、ふだんの行動も校則によって厳重に制限されていました。通学路は、入学時に提出したルート以外を通ってはならない。通学中は家族以外の異性と並んで歩いてはいけない、話しかけてもいけない。寄り道は厳罰の対象だし、買い食いはもちろん、自動販売機でジュースを買ってもいけない！　ないない尽くしで、生徒はただ家と学校を往復するだけ。自分がロボットになったとでも思わなきゃ、やっていられない！

あまりの厳しさにうんざりしつつも、わたしは当分おとなしくしていようと決めていました。悪目立ちして教師や上級生に目をつけられても、いいことなんてないから。なのに、入学して間もなく、わたしはさっそく校則を破ってしまいました。通学の電車内で、バンドのライブで顔を合わせたことがある男の子に偶然出くわしたのが、そのきっかけ。

「わー、ひさしぶり！　元気？」

　頭で考えるより先に、声をかけていました。彼も気軽に、

「あれ、お前、Ｙ女子だったたん？　バンドのときと、ぜんぜんちがうけん、誰かと思ったわぁ。制服着とるとわからんもんじゃねぇ」

と答えてくれました。そして「お嬢さまに見えるわぁ」とからかわれたから、肩を小突いて笑いあう……これだけの他愛のない会話だったのに、たまたま同じ電車に乗り合わせていた教師に見られていたんだから、超アンラッキー。彼が素行の悪いことで知られているＫ工業高校の制服を着ていたことも、学校側としては印象が悪かったみたい。結果、わたしは新入生で最速の校則違反者となり、１週間の自宅謹慎処分を言い渡されました。

　でも、そんなことで懲《こ》りるわたしじゃない。バンド仲間には「制服を着とるときは声をかけんとって！」とお願いしてまわりました。教師の目が届かないところだけでパンク少

女に変身し、こっそりバンド活動を続けるほうがいいと気づいたのです。

マンドリン部の過酷な練習

そんな校則で縛られた毎日でも、コントラバスが弾けるのならそれでいいと思っていたわたしですが、期待していたマンドリン部の活動も、異常なまでにハードなものでした。

授業が始まる前に、まず早朝練習があります。1年生は眠い目をこすりながら、上級生が登校する前に椅子をすべてセットし、楽器の調律をします。冬ともなると、まだ日が出ていない時間からこれを行うので、手がかじかんで困りました。それでも、このときすでにコントラバス歴7年以上になっていたわたしは、調律ぐらい、まさしく朝飯前。少しでも準備が早く終わるよう、同級生より多くの数をこなしました。

マンドリン部には、休み時間もありません。授業終了のベルが鳴るたびに、わたしたちは音楽室へダッシュ！　そこで楽器を磨くのです。本来なら放課後の練習前にする作業でしたが、所属部員の数が多すぎたから、それでは時間が足りませんでした。

そして放課後には学校指定のジャージに着替えて、夜の9時過ぎまで、ひたすら練習練習……。鬼コーチの怒声が飛び、練習中は一瞬たりとも気が抜けなかったけど、そんななかでも名門校の底力を実感することがありました。それは、上級生の集中力。調律についてネチネチ嫌味を言われると、ほんっと頭に来ましたが、その耳の良さと演奏に傾けるエネルギーは、さすがのひと言。彼女たちが奏でる音は、「これが全国レベルというものか！」と納得させられる素晴らしさで、わたしは思わず身震いしました。

唯一のコントラバス奏者として、1年生なのに上級生に混ざって演奏するわたしは、必死でした。常に全力投球し、体力も神経もすり減らすせいで、練習が終わるころにはお腹がぺこぺこ……。でも、ここでも校則が立ちはだかります。買い食いは厳禁。自分のお腹がグーグーと鳴る音を聞きながらの帰り道は、とても長く感じられました。

合宿となると、これがさらに過酷になります。通常より練習時間が増えるだけでも大変なのに、上級生の布団の上げ下げや、食器の準備と後片付けなど、1年生は生活面での仕事も加わります。夜、精根尽き果てて布団に倒れこんだら……すぐに次の日の朝。また、緊張の1日が始まります。楽器に触れているあいだは集中できても、授業となるとそうもいきません。机につっぷして眠り、授業が終わったことにも気づかず、クラスメイトに起こされることも一度や二度ではありませんでした。

こんなにボロボロの状態でも、わたしはバンド活動だけはどうしても続けたかった。合宿があるときはさすがにあきらめたけど、それ以外は週に1、2度、マンドリン部の練習後、一度家に帰りパンクファッションに着替えてから、貸スタジオに向かいました。身体は疲れていても、エレキベースを手にすると、気持ちが高揚しました。このころにはライブにもしょっちゅう出るようになっていて、ステージに立つことで、学校生活で抱えている鬱憤《うっぷん》を昇華していました。時間がいくらあっても足りない毎日でした。

楽譜が1枚見つからない……

マンドリン部の厳しい練習でストレスを溜めているのは、わたしだけではありませんでした。たぶん全部員がそうだったんじゃないかな。肉体的にも精神的にも、限界まで挑戦するハードな特訓。しかも女の子だけの集団だから、妬《ねた》みやそねみは、つきものです。

　この年のマンドリン部に、コントラバス奏者はわたしひとりでした。唯一、上級生の演奏に加わるとあっては目立たないわけがない。おまけに、小学校２年生からレッスンを受けていたから、技術的にも頭ひとつ飛び抜けていたわたしは、良くも悪くも常に注目の的。気づけば、陰湿なイジメの対象となっていたのです。

　調律を終えたコントラバスの弦が緩められていたなんて、ほとんど毎日。切断されていたこともありました。あわてて弦を取り替えたり調律しなおしたりしても、演奏には間に合わなくて……。事情を知らないコーチに睨《にら》まれても、言い訳すらできなかった。

　次に多かったのが、楽譜を１枚だけ隠されるという嫌がらせ。わたしが気づくのは演奏が始まってからだから、軽いパニック状態になりました。それでも演奏を中断するわけにはいかなくて、あやふやな記憶をたどって弾きつづけるものの、どうしても音を外してしまいます。コーチだけでなく部員全員から冷たい視線を浴びせられました。情けなくて、腹立たしくて、悔しくて。頭のなかが沸騰しそうな思いを、何度も経験しました。

調律が得意だから、人より数多くをこなした努力が裏目に出たこともあります。先輩たちがしめしあわせて、わたしが調律した楽器の音をこっそり狂わせるのです。そして、全部員が揃ったときを狙って、「アタシのマンドリンを調律したん、誰〜?」と吊るし上げがスタート。もちろんわたしは自分から名乗り出ますが、連帯責任で1年生全員が居残り練習をさせられることになります。こうなると同級生たちも、わたしに対していい感情を持ってくれなくて……。夏休みが終わるころには、わたしは完全に孤立していました。

それでも弱音は吐くまいと、毎日、奥歯を噛みしめながら登校しましたが、桜並木の葉がすっかり散ったころ、大好きなコントラバスを演奏しているのに、ちっとも楽しいと思えなくなっている自分に気づきました。高校生になったら、楽しい学校生活が待っていると思ってた。中学のとき以上に音楽活動に励んで、新しい友だちを作って、彼氏ができて……そんな生活は夢のまた夢。朝晩の通学中に中学時代のクラスメイトを見かけても、わたしは無意識のうちに目を背けていました。彼女たちが、わたしが手に入れることのできなかった高校生活を送っているように見えたから。胸のなかは敗北感でいっぱいでした。

その夜は、また〝長谷川さんの調律ミス〟があり、連帯責任で1年生が居残りさせられました。練習後、空腹を通りすぎて気持ちが悪くなったわたしは、雲の上を歩いているような、おぼつかない足取りで帰宅しました。母が夜食を食卓に並べてくれたけど、わたしは箸を取る気もおきません。うつむくと、テーブルクロスに涙がぽたぽた落ちました。

母は「華、何かあったの？」とだけ訊きましたが、答えを急かすこともせず、ただ待ってくれました。書斎で本を読んでいた父も、いつもとはちがう様子を感じとって、ダイニングに顔を出しました。そして母の隣に座り、ふたりで静かにわたしを見守ってくれたのです。高校入学以来、こんなふうにして両親と向き合うことはなくなっていました。ひさしぶりにふたりを前にして安心したわたしは、ようやく声を振りしぼりました。

「高校……やめていい？」

両親は、顔色ひとつ変えませんでした。娘の表情が日に日に暗く、重苦しいものになっていくのを見て、遅かれ早かれこう言い出すことを予想していたのでしょう。

「いいよ」

と声を揃えて言ってくれました。

「制服、高かったけどいい？」

「うん、つらいんじゃろ？」

「授業料も高かったけどいい？」

「子どもはそんなこと心配しなくてえぇんよ」

物心ついたころからわたしは、一度言い出したら聞かない子どもで、両親はいつもそんなわたしを受け止めてくれました。コントラバスに興味を持ったときも、バンドを始めたときも、全力で応援してくれました。甘やかされていたわけではありません。わたしが小学生のころ、ドッジボールをして手にケガをしたときには、こっぴどく叱られました。自分からやりたいと言い出したコントラバスのレッスンに支障が出るからです。いつだって厳しく、やさしく、わたしを伸ばしてくれるふたりでした。

（将来自分が子どもを持つことがあったら、のびのびと育ててあげたい。お父さんとお母さんが、そうしてくれたように）

この夜、わたしは心からそう思いました。いまでは2児の母となっているにもかかわらず、両親は変わらずわたしを見守ってくれています。「何歳になっても、娘は娘よ」と。いつでも突っ走りすぎるくらいのわたしのことが、心配でしょうがないんでしょう。

問題児ばかりだけど、心はきれい

２学期が終わるのと同時にY女子高を退学したわたしは、翌春、M高校を受験しました。もう一度、高校1年生から再スタートすることに決めたのです。

このふたつの高校の校風は、正反対と言っていいものでした。M高校は厳しい校則もなく、何もかもが自由！　制服を着くずしてもいいし、登下校時のきゅうくつな決まりごともまったくなくて、わたしはようやく楽に呼吸ができるようになりました。

入学するまでは、クラスメイトより1歳年上になることが気がかりでした。受け入れてもらえるかな、仲良くなれるかな……。でも入学式当日に、そんな心配は無駄だったと知りました。クラスで隣の席になった女の子と打ち解け、さらにその子の中学時代の友だちを紹介されて親しくなり、さらにその子の部活動の仲間を……というように、たくさんの子とすぐに仲良くなりました。

高校生活で初めて友だちができた！　おかげで毎日学校に行くのが楽しみで、寝るのがもったいなかった。家に帰って夕飯を食べ終わるともう、みんなに会いたいなぁと考えていました。母はそんなわたしを見て「この子、やっと笑うようになったわァ」と胸をなで下ろしてくれました。「Y女子高におったときは、笑顔を見せんかったもん」と。

もともと勉強嫌いで、Y女子高時代もまったく勉強しなかったわたしが合格できるレベルだから、M高校は偏差値で言えば県内最低ランク。そのせいか、集まる生徒もクセのある子が多かった。成績が極端に悪い子や、中学時代にイジメにあって不登校になった子、近隣では有名な不良少年少女。でも、付き合ってみると、みんな心が澄んでいることが、すぐにわかりました。バカでも、ちょっとぐらい血の気が多くても、心根がやさしい友人たちと青春時代を過ごすことで、わたしの心も健康を取り戻せたのでした。

いま、こうしてデリヘルという仕事を生業《なりわい》にしていると、冷ややかな視線によく出くわします。まるで汚らわしいものを見るような目でデリヘル嬢を見る人が、世の中には男女問わず少なからずいるのです。わたし自身も、現役デリヘル嬢のころは数えきれないほどそんな体験をしました。けれども、わたしは胸を張って言えます。カサブランカ・グループの女の子たちは、心がきれいな子たちばかりだと。どんな職業であれ、いつでも笑顔でお客さまに接し、人生を明るくまじめに生きようとしている子が蔑《さげす》まれていいわけがない。

なかなか理解してもらいにくいことだけど、いつか世間にも広く知ってもらいたい。彼女たちと直《じか》に接する機会さえあれば、必ずわかることだから。

それはM高校時代のクラスメイトたちにも言えることでした。友だちはヤンキーファッションで、わたしはパンクファッション。連れ立って繁華街を歩くと、すれちがう大人たちは眉間にシワを寄せました。彼女たちのなかには、毎日チャラチャラと遊んでいるように見えて、17時を過ぎれば家計を助けるためにアルバイトに向かう子たちも少なくありませんでした。放課後、ファストフード店でみんなでおしゃべりをしていても、そんな子たちは先に帰るけど、決まって「昼の学校に行かせてもらうだけで幸せじゃけぇ」と口にしました。そのときの笑顔が、何よりも彼女たちのハートを表していたと思います。

高校時代にできた友だちで、いまではカサブランカ・グループのスタッフとして、公私ともにわたしを支えてくれる子たちが何人もいます。起業したときに少しでも人手が欲しくて、信頼できる友だち数人に、手伝ってほしいと声をかけました。最初にきっぱり伝えておいたほうがいいと考え、

「実はね、風俗の仕事なんじゃけど……」

と切り出すと、彼女たちに笑い飛ばされてしまいました。

「何を気にしとるん？　華が困っとるなら、助けるに決まっとるじゃろー」

友だちは財産。「いつか恩返しするけん」とわたしがうれし涙を流すと、またやさしい笑顔で受け止めてくれました。

夢はメジャーデビュー

M高校には音楽系の部活動はありませんでしたが、学校という組織のなかで音楽をすることに疲れきっていたわたしには、むしろそれが救いでした。音楽を自分流に楽しみたかった。Y女子高時代は中断していたコントラバスの個人レッスンに、ふたたび通うようになりました。推薦の話を勧めてくれた先生には、退学を決めたその週にお詫びしていました。イジメについては話さなかったけど、先生なりに察することがあったようです。「またレッスンにいらっしゃいな」と言ってくれたので、わたしはあらためて高校卒業後に広島交響楽団の入団テストを受ける決意を固め、先生の指導のもと準備を始めました。

同時に、パンクバンドの活動にもますます熱中していきました。Y女子高での抑圧された生活で、情熱に火がついたのです。これぞまさにパンクの精神！　わたしが小学生のころから、バンドは同じメンバーで活動していました。５人みんなが兄妹のようなものです。そのころのわたしたちは、本気でプロを目指していました。ときはバンドブーム真っ盛り。そんな夢を見させてくれる時代でした。ちょうど広島県出身のバンド、ユニコーンが人気絶頂で、ヒット曲を飛ばしていました。「東京に出て、原宿の歩行者天国《ホコテン》でライブをしたい」「オーディション番組でデビューのチャンスをつかみたい！」――仲間が集まると、そんな話題ばかり。わたしの胸にも常に東京への憧れがあり、大都会にミュージシャンとして乗りこむ自分をひとりで夢想していました。

米軍基地がある山口県岩国市で、ライブ活動をしていたこともあります。米兵たちからすると子どもにしか見えないほど小さなわたしが、ベースを抱えてパンクロックを演奏すると、大いに盛りあがりました。親しくなり言葉を交わすうちに、知らず知らず英語が身についていきました。学校の勉強は相変わらず大嫌いだったけど、「学ぶって楽しい！」

と思ったのも、高校時代の貴重な思い出です。

担任の先生がライブを観にきてくれたこともありました。ライブの後や放課後に「先生が若いころは、キャロルをよく聴いていていてなぁ」などと話してくれ、よく音楽談義に花を咲かせました。そのくらい自由な校風だったんです。あのときのわたしの目にはオジサンとして映っていたけど、先生は当時30歳。お兄さんといってもいい年齢差でした。

その先生とは、いまでも年賀状のやりとりをします。わたしがどんな仕事をしているかは人づてに聞いて知っているようですが、街で会えば人目を気にすることなく「長谷川、元気でやっとるか?」と呼んでくれるのが、くすぐったくて、でもうれしい。いまでは本当にオジサンですが、相変わらず矢沢永吉さんの熱狂的なファンだそうです。

なんてキラキラした高校生活！「もし戻れるなら、どの時代がいい?」と訊かれたら、わたしは「高校時代」と即答します。もう一度、クラスメイトのみんなと教室でバカ笑いしたい。仕事でクタクタに疲れたときに、そんな夢を見ることがあります。

王子さまは、どこから来るの？

灰色だった青春が、M高校に移ったことで一気に花開いたかのようでしたが、わたしはまだ、高校生になったらしたいと思っていたことのひとつを、実現できていませんでした。

それは〝恋をすること〟です。甘ずっぱい気持ちで好きな男の子を見つめて、その子とおつきあいをして、デートして、ファーストキスをして、もちろん初体験まで……！　そろそろ子どもから大人へと脱皮したいという気持ちが高まっていました。

なのに、わたしの胸をドキドキさせてくれる相手が、身近にはひとりもいなかった。クラスメイトにしろバンド仲間にしろ、気が合う男の子たちとは仲良くなりすぎて、甘い雰囲気になることは一瞬たりともありませんでした。毎日が充実していても、仲良しの女友だちから「彼氏ができた！」と聞かされると、うらやましいやら焦るやら。わたしはまだ王子さまを夢見るだけのオクテな少女でしかなかったのです。

いつ、どこから来るのだろうと心ひそかに待ち焦がれていた恋の相手は、なんの前触れもなく突然、わたしの前に現れました。

高校3年生の秋、わたしはタコ焼きや今川焼を売るスナックショップでアルバイトをしていました。学校帰りの中高生グループやカップルがひっきりなしに小腹を満たしにくる時間帯、場ちがいなスーツ姿の男性がレジに立ちました。彼はメニューも見ず、正面にいるわたしのことも気に留めず、奥でタコ焼きを焼いている店長に向かって「こんにちは」と手を振りました。忙しい時間帯で余裕がない店長は片手だけ挙げて「いまは無理！」と答え、それを見た彼は「じゃあタコ焼きでも買って帰ろかな」とひとりごち、

「おじょうちゃん、1皿ちょうだい」

とわたしに向かって注文しました。

目が合った瞬間の彼の顔を、わたしは一生忘れないでしょう。まるで写真を撮ったようにはっきりと胸に焼きついています。見上げんばかりの長身、涼しげな目元と、それを裏切るかのような厚ぼったくてワイルドな唇。いわゆる美形じゃないし、どっちかと言うとアンバランスな顔立ちだったけど、わたしにとってだけは、完ぺきすぎる顔でした。ウチの学校にはいない大人の男を前にして、わたしは見事なまでに、ひと目惚れ！

「おじょうちゃん、聞いとる？　タコ焼き欲しいんじゃけど」

　彼にもう一度言われるまで、穴が開くほどその顔を見つめていました。タコ焼きが入ったビニール袋を手に提げた彼が帰っていくのを見届けてから、わたしはまだせっせとタコ焼きを焼いている店長の腕をつかみ、

「ねぇ、店長！　あの人、誰⁉　名前は？　何歳？　次はいつ来るん？」

と矢継ぎばやに質問を投げつけました。彼は飲料メーカーの営業マンで、いつもは別の曜日に来ているということでした。「今日はたまたま近くに寄ったけん、顔出してくれたんじゃろ」と話す店長に、わたしはすぐシフトを変更してもらうよう掛け合いました。「なんでもお見通し」と言いたげにニヤニヤする店長にはムカついたけど、

（来週、わたしと彼がロマンチックに再会するためなんやから）

と思えば、なんとか許せるというもの。そして、またたく間に１週間が経ち、彼が営業に現れたとき、なんとこの店長がナイスアシストをしてくれたのです。

「吉永《よしなが》くん、このコ、華ちゃんっていうんじゃけど、あとちょっとでバイト終わるけん、家まで送ってやってくれん？」

　この瞬間、店長はわたしにとって神そのものでした。

（店長ってこんないい人だっけ⁉　一生、感謝するワー！）

心のなかの興奮を抑えきれず、真っ赤に顔を火照《ほて》らせているわたしの前で、吉永くんと呼ばれた彼は「いいッスよ」と軽くうなずきました。そして、

「営業用の軽トラじゃけ、乗りにくいかもしれんけどいい？」

と、わたしの顔をのぞきこむもんだから、あの完ぺきな顔が超至近距離に……うわぁ、もう失神しそう。わたしは、なんとかうなずき返したものの、

（送ってもらえるのはうれしいけど、わたし、こんな調子で家まで持つのかな）

と見当外れの心配をしていました。

初デート、何を着ればいいの⁉

わたしにとって生まれて初めてのデートは、制服姿で軽トラの助手席に揺られるというものでした。それでもわたしは、少女漫画のヒロインにでもなったかのように夢心地。こ

れまで経験したことのない、恋の高揚感に酔っていたのです。

（この人だ！）

このときには確信していました。彼はわたしの運命の恋人！　世界でたったひとりの王子さまです。幸せな興奮に息が詰まりそうでした。顔を真っ赤にして黙りこくっている女子高生のとなりで、彼は何を思っていたのかな？　彼もわたしと同じくまっすぐ前を見てハンドルを握っているだけだったから、その胸のうちは読み取れませんでした。

家が近づくにつれ、わたしの心は沈んでいきました。

（もう着いちゃう……。このまま永遠に、彼が運転する車の助手席にいたいのに）

恋する女の子にとって、15分という時間はあまりにも短すぎました。わたしは、実家の前で車を停める彼にお礼すら言えずに、助手席のドアを開けました。すると彼が「華ちゃん」とわたしのことを呼び止めるではありませんか。

「もうすぐで仕事あがれるけん、2時間ぐらいしたら迎えにくる。飯でも食いに行こう」

ああ、わたしってやっぱりお姫さまだったんだ！　だってほら、王子さまに誘われた。でもお姫さまのように優雅に微笑むことはできなくて、わたしは首をカクカクとぎこちなく振ってうなずき、彼の車がいったん走り去るのを棒立ちになって見ていました。

さあ、大変なのはここからです。わたし、何を着ていけばいちばんかわいく見える？　恋に恋するわたしは、いつも頭のなかで初デートの様子を妄想《シュミレーション》していました。妄想の世界では、いつものパンク少女ではなく、シックなワンピースと、ちょっと大人っぽいパンプス、髪はきれいにブローして……。

でも、それが現実になって初めて気がつきます。自分がそんな服を1枚も持っていないことに。クローゼットにあるのはスタッズでびっしり覆われたGジャンとか、数えきれないほど安全ピンがついたスカートとか、パンク精神《スピリット》あふれる本気アイテムばっかり！　でも……、

（えーい！　これがいまのわたし。この格好で彼に好きになってもらうしかない！）

結局、わたしは着慣れたパンクファッションに身を包み、彼を待ちました。ほどなくして家のチャイムが鳴り、ふたたびお姫さまの気持ちに戻って表に出ると、王子さまが今度は自分の車の側に立ち、助手席のドアを開けて、わたしを待っていてくれました。

ファミリーレストランで食事をしながら、わたしと彼はお互いのことを少しずつ知っていきました。彼はデラックスハンバーグセットで、わたしはチキンドリア。何を食べたかはいまだに覚えているのに、このときは味がまったくわからなかった。

彼の名前は、吉永直純《なおすみ》。わたしより2つ年上の21歳。同じ広島県内でもやや離れた地域の出身で、いまは会社の独身寮に住んでいると話してくれました。まだ社会に出たことがないわたしには、そんなことすら大人に見えて仕方なかった。王子さまのすべてが輝いて見えて、自分はいま本当に映画かドラマの中にいるんじゃないかと錯覚するほどでした。

食事を終えたわたしたちが向かったのは、彼が住む独身寮でした。もちろん部外者も女性も立ち入り禁止だけど、恋に落ちたふたりには、そんなことどうでもよかった。同時に、出会ったばかりの男性といきなりふたりきりになることも、彼の部屋でこれから経験するであろうことも、怖くもなんともありませんでした。それどころか、待ちに待った冒険に出かける気分！　ベッドのうえで彼に、

「会ったばかりなのに、いいん？　初めてじゃろ？」

と訊かれたときも、「なんで？」と返したぐらい。彼は運命の人なんだし、王子さまとお

姫さまが結ばれるのは当然のことです。思い描いていた以上に幸せな時間でした。

大好きな人のお嫁さんになりたい

直純と恋人同士になった瞬間、わたしは12歳のころから続けてきたパンクバンドを脱退することに決めました。メジャーデビューする夢なんてどうでもよくなっちゃった……って言ったら、メンバーは激怒しただろうけど、でも本音。わたしが持っているすべての時間を、直純に捧げたかったんです。

バンドメンバーは驚きながらも、言い出したら聞かないわたしの性格を知っているだけに、引き止めはしませんでした。代わりのベーシストを探し、新しい構成でメジャーを目指すと宣言した仲間たち。彼らは彼らで、目標に向かって突き進むのです。そうすることが、わたしへのお祝いになると考えていることが、痛いくらいにわかりました。

同じ理由から、10年以上レッスンに励んできたコントラバスも辞めることになりました。

わたしの夢は、バンドのメジャーデビューや広島交響楽団に入ることから、直純と結婚することに変わってしまったんです。彼のかわいいお嫁さんになって、おじいちゃんとおばあちゃんになるまで一緒にいたい。これっぽっちも迷いはありませんでした。

いますぐにでも彼とふたりで暮らしたかったけど、さすがに両親が許してくれませんでした。「頼むから高校だけは卒業してくれ」と懇願されれば、わたしはY女子高を辞めるときに反対もせず支えてくれたことを思い出し、うなずくしかありません。

それからは、学校帰りに友だちとファストフード店に寄り道することもなくなり、直純中心の生活を送るようになりました。まっすぐ家に帰って私服に着替え、彼の会社の近くまで行き、仕事が終わるまで待って、車で独身寮へ。ふたりで過ごす夜は短かった。どれだけ一緒にいても、まだ足りない。もっと一緒にいたいと毎晩思いました。そして朝になるとまた実家に戻り、制服に着替えて学校へ……という日々が続きました。

３月、卒業式。直純は有給休暇をとって、わたしを学校まで迎えにきてくれました。祝福するクラスメイトたちに見送られ、そのまま車で市役所に向かい、婚姻届をふたりで提出しました。もう両親も反対しませんでした。「好きにしなさい」と父がさみしそうにつぶやき、「でも、あなたはずっとうちの娘よ」と母が怒ったように言っただけでした。
21歳の直純と19歳のわたしは、式も挙げないまま、晴れて若き夫婦となったのです。

直純が独身寮を出て、社宅でオママゴトのような新婚生活を始めて半年足らずで、妊娠に気づきました。病院で赤ちゃんの存在を知らされたときは喜びに目を輝かせたものの、ほんの数カ月前まで女子高生として好き放題遊んでいたわたしは、長い妊娠期間に音《ね》を上げそうでした。

いちばんつらかったのは、妊娠中毒症にかかり、1カ月ほど入院したとき。ベッドのうえで身じろぎもせず安静にしていなければならないと言われたけど、幼いころからじっとしているのが苦手なわたし。簡単なことではありませんでしたが、そうしなければお腹の赤ちゃんが危ないと聞かされれば、やるしかない！　退院後は体重が激しく増減しました。体中がむくんで破裂寸前の風船みたいにふくれあがって、い、痛すぎる……。感情の起伏も激しくて、「子どもを産むって、こんなに大変なことじゃったん⁉」とウジウジ泣いた次の日には、ハイテンションでベビー用品を買いまくり。わたしの母も、お義母《かあ》さんも、そんなわたしを励ましたり、なだめたり……両家揃って大騒動でした。

そして陣痛が始まりました。想像を絶する痛さに、分娩台のうえでいきみながら「もう子どもなんか二度といらん！」と絶叫したわたし。立ち会ってはくれたけど、血を見て貧血を起こした直純。新米ママ&パパの情けない狼狽ぶりをよそに、長男の桜太は元気に生まれ出てくれました。

20歳で、わたしはママになりました。この世に出てきたばかりの命を腕に抱いたとき、つらいことはすべて忘れました。小柄なわたしの身体のなかで、３２００グラムと大きく健やかに育ってくれただけで感謝。かわいくてかわいくて、身も心もアイスクリームみたいに溶けそうでした。こんな幸福を味わえるなら、続けて10人でも子どもを産みたい。分娩台のうえで自分が吐いた暴言はケロッと忘れて直純にそう話すと、彼は、

「よーし、じゃあ毎晩でもエッチせんとなぁ」

と笑いました。自分自身が貧血でよろけたことなんて、記憶の彼方にあるようでした。

初めての子育てに無我夢中

子どもができるまで、わたしたちカップルは、毎日セックスしていました。初めて会った日から、わたしの身体の都合が悪いときをのぞいて、ほぼ欠かさずです。若かったんだなぁ。ところが、妊娠がわかったときから、わたしはまだ見ぬ赤ちゃんに夢中になり、直純のことは二の次になりました。構ってもらえないし、セックスもできないとなると、直純は次第にイライラしはじめましたが、桜太が産まれたことで、わたしのなかで直純の居場所はますます減っていきました。

若い性欲を持て余していた直純は、桜太が寝ているとわかると、しつこくわたしをベッドに誘いました。初めての子育てで、わたしはぐったり疲れているのに。ううん、それよりも、そんなことしているうちに桜太が起き出して、おっぱいが欲しいと泣き出すかもしれないのに。おむつが濡れて気持ち悪い思いをしていたらどうしよう……そう考えるだけで、心配で頭がおかしくなりそうでした。オーバーに聞こえるかもしれませんが、まだ人生の経験値が少ない20歳のわたしは、それだけ子育てに必死だったんです。

セックスを拒むと、直純は決まって不機嫌になったけど、わたしは「まだ体調が万全じゃないけん」と彼をなんとか、なだめました。口や手を使って処理してあげることはできても、彼を受け入れるのはまだ早いと思っていたのです。桜太が産まれてまだ2週間しか経っていなかったし、壮絶な出産の記憶が心と子宮に生々しく残っていて、男性が自分の体内に入ってくることに恐怖心のようなものを感じていたから……。

1カ月検診を受けたとき、お医者さまからとうとう「夫婦生活を再開してもいいですよ」とゴーサインが出てしまいました。休暇をとって病院に付き添ってくれた直純にそのことを話すと、彼の顔にまたたく間に生気が戻ってきました。そして、わたしの手をとり、

「エッチしよ、エッチ。いますぐに！」

と急かすのです。

（何言うとるん、この人。わたし、いま桜太を抱っこしとるのに……）

そうは思ったけど、ここのところ直純のことを構っていないことが気にはなっていたから、桜太と片時も離れたくないという気持ちに、わたしは無理やりフタをしました。このまま直純をないがしろにすると、夫婦の危機が訪れる――直感でそう思ったのです。腕の

なかで寝ている赤ちゃんには、パパが必要。わたしもひとりじゃ生きていけないから、もっと直純を大事にしなきゃ。仕方なくわたしは実家に電話し、母に桜太を預けました。

生まれて初めてのラブホテルで

直純は社宅まで戻るのももどかしかったようで、繁華街にあるラブホテルに車を入れました。独身時代から彼の寮に忍びこんで会うばかりだったから、わたしがこうしてラブホテルに足を踏み入れるのは、実は生まれて初めてのこと。一方の直純は妙にもの馴れている様子だったけど、それを気にする間《ま》もなく、わたしはいきなり押し倒されました。ひさしぶりのキスを受けて、頭がポーッとなりました。なんとキスの仕方も忘れてしまっていたんです。胸を触られても母乳でパンパンだから感じるどころじゃないし、ロマンチックな気分にはほど遠い。そしてついに、直純の手が下着のなかに入ってきて……。

「いったーーーーい‼」

わたしは、直純を突き飛ばしていました。彼の指がわたしの中に入ってくると同時に、電流が走ったかのような激痛が全身を貫いたのです。痛くて痛くて、涙がにじみました。

そのとき、思い出したんです。桜太を産み落とした直後、お医者さまがわたしの耳に大声を吹きこむようにして「あなた、まだ若いから多めに縫ってあげるね！」と言ったことを。あのときはすでに意識を失いかけていたので、なんのことかわかってなかったけど、どうやらわたしの入り口は、縫いつけられて極端に狭くなってしまったようです。

わたしはベッドのうえに正座し、直純に向かってサッと頭を下げました。

「ごめん！」

こんなに痛いんだから、セックスするのはもう一生無理だよ。

「ウチ、エッチできん身体になってしまったみたい。離婚はイヤじゃけん、直純は風俗でもなんでも行っていい。だけど……ウチとはもう勘弁して！」

素っ裸で突き飛ばされ、あげくに妻は涙を流してわめいている……思いがけない事態を直純が理解するまでには、しばらく時間がかかりました。「頭上げろよ」とは言ってくれたけど、わたしの気持ちはあんまりわかってくれていないみたい。彼はセックスをあきらめようとせず、室内にあった小さな自販機でローションを買いました。

「そんな簡単に離婚とか風俗とか、嫁が夫にすすめちゃいかんよ。大事なことじゃろ？　これ使ってもう一度試そうや」

夫婦にとって大事なこと――それを言われては、わたしからは何も言い返せません。もう一度努力してみようと、わたしはふたたび横になりました。脚のあいだにローションのヒヤリとした感触があり、直純の指がわたしの入り口に触れ、そしてふたたび中へ……。

「ごめん、やっぱり無理ッ‼」

今度は、夫を蹴飛ばしてしまいました。耐えられる痛さじゃないって、これ！　指すら入らないのに、これ以上の行為は世界がひっくり返ったって不可能です。

（セックスできないってことは、本当に離婚しなきゃいけないかも）

心の底に冷たい風が吹きました。直純に見放される、桜太と一緒に捨てられる、母子で路頭に迷うのかな……。わたしの頬に涙が伝うのを見て、さすがの直純もセックスを断念し、帰路につきました。わたしは家に帰ってからも、最悪の事態ばかりを考えていました。

翌日、桜太を連れてふたたび産婦人科を訪れ、

「先生。痛いし怖いし、このまんまじゃ離婚されるかもしれん。なんとかしてください！」

と、前日の顛末を話しました。すると、

「ちょっと縫いすぎたみたいじゃねぇ」

と先生は大笑い。えっ、そこで笑う⁉　わたしにとっては一生の一大事なのに。ムッとしましたが、先生はそんなわたしを見てさらに笑い、目に涙まで浮かべています。

「ちゃんとできるよう切ってあげるから、安心しなさい」

縫うだの切るだの先生は簡単に言いますが、わたしの気分は散々です。チョキンと開かれた結果、わたしの入り口は元の大きさになり、やっと直純を受け入れられるようになりました。恋人時代のように毎晩とはいかないけど、できるかぎりセックスするよう心がけたから、夫婦関係は無事、修復。そしてわたしは恐るべき早さで、ふたりめの子どもを授かりました。

翌年の、これまた桜の季節。次男が生まれました。名前は春太。高校卒業からたった2年で、わたしは2児の母となったのです。

第4章

「あいつには堕胎させるから」

～幸せから一転、泥沼の離婚劇～

独立して最初に作ったデリヘル店「カサブランカ」が軌道に乗り、2号店を作ることになったとき、わたしは〝人妻専門〟をコンセプトに掲げました。実際に既婚か未婚かは別として、人妻となっていてもおかしくない年齢の女の子を中心としたデリヘル店です。「カサブランカ」より年齢層がやや上――20代後半以上の女の子たちが働きやすい職場を作りたかったのです。なぜなら、かつての自分と同じ苦労をしている、シングルマザーの力になりたかったから。そうして2号店「マリー・マリー」をオープンさせました。

とはいえ、世間の怖さも知らない20代のはじめに子どもふたりを産んだわたしは、シングルマザーになる将来が自分に待ち構えているとは夢にも思っていませんでした。

女を捨てたわたしと、浮気性の夫

何かに熱中すると、ほかのことが極端に目に入らなくなる性質のわたしは、ふたりの子どもにメロメロになるあまり、家からほとんど出なくなりました。長男を産んだ後の教訓を活かし、セックスレスになることはなかったけど、直純のことは常に後回しでした。さらに自分の身なりにも気を遣わなくなり、髪はボサボサ、眉は伸び放題。メイク道具は埃をかぶり、いつのまにか流行遅れの色となっていました。化粧っ気ゼロで、服は常にスウェットの上下……。当時のわたしは女性としての努力を、まったく放棄していた。そんな嫁を持った直純が浮気をしたのは、当然のことだったのかもしれません。

イケメンでもないのに、彼はなぜかモテました。営業先でもオバチャンからアルバイトの女の子まで、すぐに彼と親しくなりたがりました。女子高生だったかつてのわたしと同じように。そのうえ彼自身、23歳でまだ遊びたい盛り。オシャレと車に惜しみなく給料を注ぎこむから、家に入れる生活費は微々たるものでした。女を捨てた妻と、泣いてばかりの子どもたちには、自分が稼いだお金を使いたくないという気持ちが丸見えでした。

やがて、直純は週に何度も朝帰りするようになりました。同僚や男友だちと飲んでいたと言い張るわりには、彼の髪や、脱ぎ散らかした服には、明らかに女性のにおいが染みついていました。それに気づいたわたしの息が止まってしまいそうなくらい、濃厚に。

直純は、家のなかに自分の居場所がないと感じていたんだろうな。わたしと子どもたちとがべったりしすぎていて、入りこむ隙き間が見つからない。家にいても自分だけ仲間はずれ……。当然、育児には積極的ではありませんでした。それなりにかわいがってはくれましたが、二日酔いのときに子どもがじゃれつくと「寄るな！」と一喝します。驚いた子どもが泣き出しても、わたしが来るまでイライラしながら知らんぷり。日曜の昼に「たまには子どもを公園に連れていってくれん？」と水を向けても「お前が行けよ」と布団を頭からかぶる始末でした。「平日はめいっぱい働いとるんじゃけぇ、休日ぐらい寝かせてくれよ」という彼の言い分は理解してあげたい。でも……。

（よその女とは遊ぶけど、自分の子とは遊べないなんて！）

女は自分の身体に命を宿して〝母〟になりますが、男はちがう。子どもを育てる覚悟、父親としての責任といったものを受け止めるには、直純はまだ未熟だったのでしょう。

それでも彼は、外泊だけはしませんでした。朝方になることはあっても、必ず家に一度帰ってきて夫婦のダブルベッドに潜りこみ、出勤時間まで短い睡眠をとりました。

（家に戻ってくるうちは大丈夫……だよね）

そのうち父親らしくなるだろうと、気長に待つことにしました。それなのに、現実はわたしの願いとは逆の方向に進みました。どんどん女性の影が濃くなっていったんです。車に乗れば、助手席のシートがわたしの定位置からズレていました。長い髪の毛が落ちていたり、真っ赤な口紅がべっとりついたタバコが灰皿に残っていたこともありました。

(神さまっていないのかなぁ)

ウソだと思いたくても、証拠が続々と出てくる現実に、わたしは心が折れそうでした。

直純はわたしにとって初恋の人。恋愛経験も男性経験も、相手は直純ただひとり。そんなわたしだから、車に残った痕跡を問いつめても「ああ、仕事帰りに事務のオバサンを送っていってあげたけん」とはぐらかされれば、どう反論していいかわからなくて……。直純が父親として未熟なら、わたしもまた、恋愛においては未熟者だったのです。

家族を守るために戦闘開始！

臆病で、夫の浮気を問いつめることもできないわたしだったけど、結婚生活７年目、ついに現実と向き合わなければならない事件が起きました。その日のわたしはいつもどおり、小学校1年生になった桜太と、幼稚園の年長さんになった春太の3人で食卓を囲んでいました。夫のために簡単な夜食を用意し、その後は子どもたちとお風呂タイム。そしてテレビを見ながらふたりの髪を乾かし、声を合わせてアニメソングを歌っていたときのことです。玄関のドアが開き、直純の声がしました。

「ただいま」

わたしは、胸騒ぎを覚えました。子どもたちが起きている時間に彼が帰宅するなんて、めったにないことだったから。玄関に出てみると……ドクンッ！　心臓が跳ねました。直純以外に、もうひとつシルエットが見えたのです。顔までは判別できなかったけど、長い髪といい、鼻先をかすめる香水のにおいといい、明らかに女性です。わたしは、

「どちらさま?」

その人影ではなく、直純に訊きました。声がとがっているのが、自分でもわかりました。

（あそこにいるのは、敵だ！）

そう悟って、わたしはすでに臨戦態勢に入っていたのです。

「あー、友だちなんじゃけど」

これまで直純にいろんなことをごまかされてきた。それでも彼の言葉を信じようと努力してきたけど、全部だまされるわたしのほうが、バカだっていうことなの⁉　夫とほかの女のツーショットを見て〝友だち〟だというのを信じるほど、わたしもお人好しではありません。ああ、でもそんなふうに彼を責めてはダメ。直純はわたしの夫で、子どもたちのパパ。悪いのは、直純の背中に隠れてるあの女だけ。そのシルエットに据えられた、わたしの挑むような視線に気づいているのかいないのか、

「彼女、今日からしばらく、ここに住むけん」

と直純が宣言しました。

（……は？　いまなんて言ったの？）

彼の口から出た言葉の意味が、ひとつも理解できなかった。実は俺、人間じゃなくてロボットだったんだよと言われたほうが、まだ信じられたかも。ねぇ、あなたはいま、それぐらいありえないことを言ったよね？

直純とその女はすでに玄関に上がりこんでいました。ちょっと何してんの⁉　ここはわ

たしの家なのに。しかも、その女は桜太と春太の頭に手を乗せたのです。

「パパのお友だちでちゅよ～、よろしくね～」

その猫なで声のおぞましさ！　わたしは、とっさに女の手を払いのけました。本能からの行動でした。天敵から子どもたちを守ろうとする、動物的な本能。女はそんなわたしを一瞥《いちべつ》し、小バカにしたような薄い笑いを浮かべました。

その晩、わたしと息子ふたりは、リビングに来客用の布団を敷いて寝ました。夫婦の寝室は、得体の知れないその女に侵略されてしまった。いつもは４人並んで寝ているのに、なぜパパだけが初めて来た〝お友だち〟と寝ているのか。息子たちは「なんで？　なんで？」を繰り返していましたが、ほどなく眠りに落ちました。

（急に心細くなっちゃった）

その寝顔を見つめて、どうにか心を強く持とうと自分を励ましていたそのときです。寝室から怪し気な声が聞こえてきました。さっきの猫なで声よりも、さらに神経を逆なでする声……。子どもたちが寝付くのを待っていたんだ。そして、わたしに聞かせるようわざと大げさに声を出してる！　吐息が喘《あえ》ぎ声になり、ベッドがきしむ音を伴奏にして、動物的な絶叫に変わります。耳をふさいでも、卑猥《ひわい》な声は消えません。

（これって人生最大のピンチだよね？）

わたしは呪いました。妻が隣室にいるのに、図々しく夫を寝取る女を。その女の喘ぎ声をわたしに聞かせる直純を。そして、いままで彼を野放しにしてきたうえに、この期におよんでも何もできずにいる自分自身を。大声でわめきながら寝室に突進し、女から直純の身体をひっぺ返したい！　でも、そんなふたりの姿を目の当たりにしたくないという気持ちが先に立ちました。わたしにできるのは布団のなかでグズグズ泣くことだけ……。

いいえ、泣いている場合じゃありません。わたしには守らなきゃならないものがある。息子たちと、４人揃ったこの家庭。あの女から夫を取り戻すために、何をすべきかを考えよう。これは戦争なんだから。わたしは暗闇を見つめて、ひとり作戦を練りました。

妻の立場を強烈アピール

翌朝、わたしはいつもより早く起き、時間をかけて朝食を作りました。ほんのり甘いフレンチトーストに、子どもたちが大好きなふわふわオムライス。付け合わせは、温野菜のサラダにハッシュドポテトです。子どもたちには牛乳を、大人たちにはお手製のスペシャル野菜ジュースを――我ながら完ぺきなメニュー！　それを、わたしたち家族に彼女を加えた5人分用意し、彼女の分だけを、来客用の特別な食器に盛りつけました。

桜太と春太は大はしゃぎで、すぐにでも「いただきます」をしたがりましたが、今日はなんとしてもパパも一緒にテーブルについてもらうつもりでした。ふたりが待ちきれなくなったころ、やっと直純と女が起きてきました。寝不足のけだるい顔を見ると怒りに火がつきそうでしたが、拳をぐっと握って耐え、できるだけさわやかな笑顔で、

「どうぞ、朝食をご用意しておきましたんで」

と、女に話しかけました。ここは家族の食卓で、あなたはお客さま。食卓を預かるのは、直純の妻である、わたしです。あなたには、こんなことできないでしょ――無言の挑発に

彼女の顔が強ばるのを見たとき、わたしはこの作戦がまちがってなかったと確信しました。

女が居座りつづけたあいだずっと、わたしは彼女のぶんの食事も用意しました。朝食だけじゃなくて、直純と飲んで帰ってきた後の夜食まで。手のこんだ料理にもチャレンジし、育児にかまけてサボりがちだった直純のための弁当も、欠かすことなく作りました。

週末には「お留守番、頼みますね」と女に声をかけ、一家で動物園に出かけました。自分がこんな異常事態を引き起こしているという引け目からでしょう。直純は文句ひとつ言わず、子どもたちに付き合ってくれました。出かけた先で、わたしは一切、女のことを話題に出しませんでした。わたしは完ぺきな妻だし、ママだから。子どもの大好物が詰まったお弁当も持ってきてるでしょ。たまご焼きに鶏のから揚げ、タコさんウィンナー。残り物は家の食卓に置いておきました。女に宛てて〝おすそわけです〟ってメモを添えてね。

遊び疲れて家に帰ったら、お風呂の時間。「お先に失礼しますね」と女に声をかけて、家族4人で一緒に浴室に入り、行楽の汗を流しました。そんな夜、直純は女が待つ寝室には入らず、リビングに敷いた布団のなかに忍びこんできました。子どもたちが深く眠っているのを確かめてから、夫婦でセックスをしました。彼女のようにわざとらしく声をたてるなんて下品なマネ、わたしはしない。それでも十分、気配は伝わるでしょ。女は絶対に耳をそばだててるはずだし……それでいいんです。最初の妊娠以降、正直どっちでもよくなっていたはずのセックスに、その夜、わたしは身体の芯から感じていました。

目の前で繰り広げられる家族の光景に、耐えられなくなったのでしょう。直純に連れてこられてからちょうど1週間で、女は黙って去っていきました。妻の勝利！　作戦勝ちです。あー、気持ちいい。思わずふたりの子どもに声をかけていました。

「桜太、春太、バンザイしよう！」

なんのためにバンザイをするのかはわからなくても、わたしの顔があまりにうれしそうだったので、彼らの表情もつられて明るくなりました。

「バンザーイ、バンザーイ、バンザーーイ！」

小さな両手を高く天に突き上げ、万歳三唱するその姿を見て、大事なものを守り抜いたんだという達成感がひしひしとわたしの胸に迫ってきました。

いままでの女とはちがう

　信じがたいことだけど、この奇妙な共同生活は、一度だけでは終わりませんでした。直純は一定以上に親しくなると……いいえ、おそらく相手の女が「奥さんと別れて、アタシと結婚して！」と言い出すほど、ふたりの関係が行き詰まると、女を家に連れてくるのです。最初の女を、わたしが追いつめ追い出したのを見て、味をしめたんでしょう。彼にとっては女を家に連れこむ＝別れへのカウントダウンのつもりだったようです。

「女と別れたいっていう意思表示なんじゃろ。あの人も切羽つまってるってことなんよ」

　わたしが女友だちにこう話すと、「どこまでお人好しなん？」とあきれられたけど、わたしだって怒ってないわけじゃない。むちゃくちゃ激怒はするんだけど……うん、あれに似てるかな。大変ないたずらをした子どもを、鬼のような形相で叱りつけた後、結局はその後始末をしてあげる――わたしのなかでは、まさしくそんな感じだったんです。

　女がひとつ屋根のしたにいるとき、わたしの作戦はいつも同じでした。堂々と〝妻〟として振る舞い、家族の団らんを見せつける。「夫と別れてください」とは一度も口にしないまま、女に自分が邪魔者なんだと気づかせ、直純を奪うのは無理だとあきらめさせるんです。短くて1晩、長くて10日ほどで、勝利の女神は必ずわたしに軍配を挙げました。

ところが、敦子という女だけはちがっていました。

「これ、俺の友だち。しばらくここに住むけぇ」

直純の紹介はいつもと変わらず、わたしも女に挨拶をしました。

「いらっしゃいませ。いつも夫がお世話になっています。妻の、華です」

ここから、わたしの戦いは始まっています。たいていの女はここで表情が一変します。卑屈になってうつむくか、敵意をむき出しに睨みつけてくるか。なのに敦子は、顔色ひとつ変えなかった。その肝が座った態度と、厚ぼったくならないよう慎重に塗り重ねられたファンデーションの質感から、「この女は直純よりずっと年上だ」と感じました。

そのころには桜太が9歳、春太が8歳ぐらいになっていましたから、もうパパが連れてくる女が本当に〝お友だち〟ではないことぐらい、誰に教わるでもなくわかっていました。ふたりはママの強力な味方。女がいる前で「ママ、今夜の夕食はパパが好きなクリームコロッケがいいな」「日曜は４人で遊園地に行こうよ！」と無邪気に甘えてみせるなど、家族団らんの演出に一役買って出てくれました。

一方の直純も、物心ついてきた子どもたちに、夜の声を聞かせることはさすがにはばかられたみたい。寝室からはゴソゴソという物音が、遠慮がちに聞こえてくるばかりでした。それでもわたしは悔しくて悔しくて眠れなかったけど、一方で「この子たちのことを、ちゃんと考えてくれてるんだ」という安心感もありました。バカな女だと笑われるかもしれないけど、わたしはそれでも直純のことが好きで、直純を信じたくて……。だからこんな小さなやさしさを見つけては、救いを感じていたのです。

思いがけない逆襲に負けそう……

そんなわたしの小さな希望と自信が揺らいだのは、その翌朝のこと。直純が仕事に行き、敦子もまた（わたしが作った豪華な朝食にも手をつけずに）どこかへ出かけていきました。

彼女は夜の街で働いていたので、昼のあいだは自宅に帰っていたようです。

こっちだって昼に家で顔を付き合わせるのは、まっぴらごめんです。あー、せいせいする！　女の痕跡を消したいと思ったわたしは、窓を開けて空気を入れかえるために寝室に入りました。ベッドのうえでは、シーツがぐちゃぐちゃに乱れていました。

（昨夜、そんなに激しかったんだ）

くじけてしまいそう。でも、これを直すのも一家の主婦の役目です。どうせならシーツを洗って、布団を干そう。女の痕跡ごと殺菌しちゃえ！　自分を奮い立たせて掛け布団を持ち上げると、はらり……、ショッキングピンクのパンティーが落ちてきました。

（うっ……。ま、まじ⁉）

生まれて初めての屈辱です。何この派手な下着！　いかにも水商売の女って感じ。一家の主婦の基本はコットンパンツ。こんなの履かなくても、ちゃんと夫に愛してもらえるもん――いくら言葉を並べて立ち直ろうとしても、脱ぎ捨てられたパンティーに女の体液がシミとして残っているのを目にした瞬間、一気に絶望の淵《ふち》に逆戻りしました。

これは女からの宣戦布告です。いままでにない強敵の登場に、わたしは戦慄《せんりつ》しました。

どうすればあの女にダメージを与えられる？　わたしは頭をフル回転させました。今回の相手は強敵です。パンティーを捨てようとも思いましたが、それでは妻の名が廃《すた》ります。

（夫の〝お友だち〟のモノなんだから、丁重に扱わなきゃ）

結局、パンティーをきちんとネットに入れ、洗濯機に放りこみました。そして、夜になって酒臭い息を吐きながら、直純にしなだれかかるようにして帰ってきた敦子に、

「お忘れ物ですよ。お洗濯もしておきましたんで」

ときれいになったパンティーを手渡しました。そのときは無言で受け取った彼女だったけど、それからも週に1度のペースでパンティー攻撃は続きました。

そうして2週間が経ちました。ほかの女ならとっくに出ていってるはずなのに……。それどころか、さらに1カ月が過ぎても敦子は我が家で寝起きを続けました。わたしの心は、常に戦時下。一瞬でも気を許した隙に、ウチを占領されそうで、眠れない夜が続きました。

「桜太、春太ぁ。ママは疲れたよぅ」

ついにそんな弱音を吐くようになるほど、心に疲労がたまり、焦っていた。敦子が出かけたのを確認してから、直純を問いつめたこともあるけど、彼は、

「もうちょっと置いといてやれや」

と困ったように笑うだけで取り合ってくれません。まあ予想どおりのリアクション。けれど、そんなふうにわたしが怒りをあらわにした晩、直純は必ずわたしのことを抱きました。

そうでなくても直純はベッドで敦子に悩ましい声を上げさせるのと同じ頻度で、わたしともセックスしていました。わたしの機嫌をとるためにというより、それは、直純のやさしさだったと思います。弱くてだらしないやさしさを持った男でした。わたしも、敦子をはじめとする女たちも、そんな彼のどうしようもないところに惹《ひ》かれていたのです。

そんな話、聞きたくないよ

ある夜、直純が早く帰宅しました。連日連夜、敦子が勤めるスナックで呑んでから、ふたりで帰ってきてたから、こうしてひとりの彼を迎えるのはいつ以来だろう？　何かあるな、とわたしは感づきましたが、案の定、子どもたちを寝かしつけた後、

「華、話がある」

と切り出してきました。そのあらたまった態度を見て、

（話なんて聞きたくないよ！）

と、心が全力で拒絶しました。聞く前から、涙がこぼれそうでした。それなのに、どういうわけか、わたしの耳は直純の言葉をしっかり受け止めていました。

「敦子が、妊娠した」

淡々とした口調でした。直純の声には、彼自身の気持ちがちっとも入ってなかった。床に視線を落とし、そこに言葉をひとつひとつ置いていくようにして、

「10週目に入ったところらしい。前から『生理が遅れとる』とは言うとったけん」

と事実だけを伝えてきます。彼が感情を殺すほど、わたしには、その言葉が冷たいナイフのように思えてきました。それは順々に、わたしの胸に突き刺さっていきます。

（妊娠？　妊娠するようなことをしてたん？）

ナイフに貫かれたところから、血が流れ出ていました。でも、その血もまったく温もりがなかったから、わたしの心はどんどん冷えていきます。ねぇ、このままだと凍死しちゃ

うよ、わたし。直純があの女とセックスをしてた。そんなことはどうでもいい。知っていたし、それぐらいならまだ許せます……ううん、本当は許したくないけど。でも、

（避妊、してなかったの？）

まさか妻であるわたしにしているのと同じようにしていたなんて。コンドームを着けなかったの？　せめて外に出すぐらい、どうしてしなかったの？　わたしは妻で、女たちは愛人。わたしにとっては、それだけが心の支えで、直純だってその一線だけは守ってくれていると信じてた。妻とのあいだに子どもができるのは当然だけど、愛人とのあいだには作らないんだよ、ふつうはね。だって、妻と愛人は別物だから。

誰かに助けてもらいたい。できれば時間を巻き戻して、直純があの女と出会わないようにしてほしい。それが不可能なら、せめて流れ出るこの血を止めてほしい……。

泣きわめくと思っていたわたしが、じっと押し黙っているので、直純は不気味に感じたようです。「なぁ」と呼びかけてくる声に、焦りがにじんでいました。彼は平静を失うと、右の耳たぶを引っ張るクセがあります。彼の長い指がゆっくりと耳に伸び、ぎゅっと耳たぶをつまみました。そして上ずった声で、こう言ったのです。

「堕《お》ろさせるよ。敦子に産ませる気はないから」

わたしは初めて視線を上げ、直純の目を見ました。

「お前もいるし、チビたちもいるし、まぁ無理じゃろ。認知するつもりもない」

血を流すのは、わたしじゃない。そう思った途端、あんなにダラダラ流れていた血が、ピタリと止まりました。興奮で鼻息が荒くなり、心も身体も自分自身のものじゃないようでした。何かに突き動かされているようで、コントロールできないままわたしは、

「それはダメ」

と直純に向かってきっぱりと宣言していました。

「はぁ？　華、お前、何を言って……」

「堕ろすのは、絶対に、ダメ‼」

形勢逆転。今度はわたしが直純にナイフを向けていました。言葉のナイフを。自分ではなく、何かを守るために。わたし、何をしようとしているんだろう。ナイフの先にいるのは愛する夫。でもこの人は、いま許せないことを言った……「子どもを堕ろさせる」と。

「せっかくできた命を、死なせちゃいけん。赤ちゃんは何も悪くないんじゃけん」

言葉を重ねるうちにわかってきました。わたしを突き動かしているのは、母親としての本能。守りたいのは、小さな命です。敦子のことも、避妊せずにセックスをした直純のことも憎い。でも、小さな命に罪はありません。わたしは桜太のことを思いました。あの子がお腹にいるときは妊娠中毒症を起こし、流産の危険があると言われました。でも、無事に産まれてきてくれた！　それなのに、生まれ出ずに殺されようとしている命がある。

「桜太と春太はじゅうぶんお兄ちゃんになったし、もう心配いらんけぇ」

わたしたちは大丈夫、なぜか急にそう確信できました。あの子たちにはママがいれば大丈夫。わたしにも、あの子たちがいれば大丈夫。

「でも赤ちゃんにはお父さんが必要じゃろ。だから……」

わたしには、未来が見えていました。浮気する夫に悩まされることも、愛人との闘いに心をすり減らすこともなく、ママと桜太と春太だけで、楽しく毎日を暮らしてる未来が。

「わたしのほうが別れます。敦子さんに子どもを産んでもらってください」

言い終えてわたしは、直純に向かって深々と頭を下げました。

第5章

「ママをいじめるな!」

～デリヘル転向前夜のDV&激貧生活～

カサブランカ・グループの求人に応募してくる女の子の多くは、生活に困窮しています。最終手段として風俗の世界に飛びこんでくるのです。わたし自身も電気とガスを止められたドン底の夜に、デリヘルの仕事を始める決意をしました。だから、わかるんです。彼女たちは決して怠惰が原因で、お金に困っているわけじゃないんです。シングルマザーだったり、親に多額の借金があったりすると、どれだけ働いても追いつかないのです。

グループ設立当初は余裕がなくて、応募してくる女の子全員を採用することはできませんでした。30代前半の女の子を面接したときのことです。「残念ですが今回は……」と切り出すと、彼女はワッと泣きだしました。財布の中に13円しか入っていないというのです。こんな窮状を知っても、採用できないものはできません。帰りの電車代を渡してあげるのが精一杯でした。

このときの悔しさが忘れられなかったのも、店舗を増やしてグループを大きくした理由のひとつです。おかげで現在は１００％に近い採用率です。こうして貧しい女の子がひとりでも減ってくれれば……。それが、わたしのデリヘル経営の原動力です。

号泣しながら離婚届に判を

離婚成立後、わたしは息子ふたりを連れ、社宅から小さなアパートに引っ越しました。母子３人、新しい生活のスタートです。

悲しくなかったかと訊かれれば、答えはＮＯです。敦子の妊娠を夫の口から聞かされた夜はあんなに冷静だったけど、離婚届にサインをするときはワァワァ泣きました。あんなに大量の涙を流すのは、人生であのとき一度きりでしょう。愚かなことかもしれないけど、こんな目にあってもなお、わたしは直純のことが好きでした。好きだから一緒にいたいけど、好きだからもうこれ以上裏切られたくない。直純だって実は敦子ではなく、わたしを必要としてくれていることがわかるだけに、余計に憎かった。家庭を壊したことを責めたくて、でも許したくて、気が変になりそうでした。

後になって、敦子の妊娠がウソだったとわかりました。赤ちゃんができたと言えば直純が家族よりも自分を選んでくれるのではないかと考えた末の、捨て身の狂言妊娠だったのです。よほど直純のことが好きだったんだなぁ。いまとなっては、彼女も哀れな女性だと思えるようになりました。もちろん、許すことはできないけど。

狂言妊娠が発覚してすぐに直純は「やり直そう」と言ってくれました。だけど、実際に妊娠はしていなかったとしても、そう言われて信じてしまうようなセックスを、直純が彼女としていたことは、まぎれもない事実です。それがわたしには受け入れがたいことだったし、さらにヨリを戻したところで、この人はまた同じことを繰り返すってこともわかっていました。それに耐えられる気力は、わたしのなかにもう残っていなかった……。

運命の人に会えた！　と神さまを信じた、高校生のわたし。すっごく昔のことみたい。大好きな音楽を捨ててまで、直純を選んだのはまちがってたのかな？　ううん、それはないと思う。じゃあ、わたしたち夫婦がつまづいたのは、いつだったんだろう？

両親には、離婚の事実だけを伝えました。ふたりとも理由は訊かず、「子どもたちを連れて帰っておいでよ」とだけ言ってくれました。思わず涙が出そうでしたが、泣いてしまえば両親の心配は増えるばかり。甘えたくありませんでした。わたしは両親に守られる小さな子どもではなく、ふたりの子どもを守り、育てなければならない母親なんだから。

仕事をして子どもを養わなきゃ

母子3人の生活が始まりました。子どもたちは離婚という事態を正しく理解できていなかったのかもしれません。わたしとの夫婦関係は解消しても、直純には彼らの父親でいてほしいという願いから、離婚後も子どもたちには吉永姓を名乗らせつづけたことも影響していたと思います。それでも幼い彼らなりに、生活の大きな変化は感じていたようでした。というのも、わたしが働きに出ることになったからです。

高校卒業後すぐに結婚したから〝仕事〟というものは、アルバイトを除いてまったくしたことがないわたしだったけど、これからは自ら外へ稼ぎに出て、子どもたちを養っていかなければなりません。一家の大黒柱です。直純からは養育費が送られてくることになっていましたが、彼の金遣いの荒さを知っているだけに、期待していませんでした。

とは言っても、資格も経験もない29歳の女性を、どこが雇ってくれる？　考えた瞬間、立ち止まりそうになったけど、できることからやっていこうと決めました。幸い、親しい友人の紹介で、仕事がすぐに決まりました。近所のコンビニエンスストアのアルバイトです。オーナー夫妻と話しあい、朝9時から夜の19時まで、週6日で出勤することになって、ひと安心。……でも、ひとつだけ困ったことに気づきました。

（あの子たちを鍵っ子にしてしまう！）

学校から帰ってきたときにママがいない――そんなさみしい思いをさせたくなくて、離婚前のわたしはどこに出かけていても、子どもたちの下校時間の前には必ず家に帰り、おやつを作って待っていました。

それに、わたし自身が家に帰ってきた子どもの顔をいちばんに見たかったのです。学校であったことを、真っ先に聞かせてほしかった。「あのね、あのね」とランドセルを背負ったまま子どもたちがわたしにまとわりついてくる幸福な時間。それを失うのはつらかったけど、でも、こればかりはしようがない。生活の糧《かて》、つまりお金を確保するほうが先決です。わたしは初めて合鍵を作り、子どもたちに手渡しました。ロールプレイングゲームでお宝アイテムをゲットしたときのようにはしゃぐ子どもたちが、かえって不憫《ふびん》で涙が出そうになりました。

勤めに出るようになって1、2週間は、慣れない仕事で緊張続きのうえに、何をしていても子どもたちが心配で、余裕がまったくありませんでした。

（こんなに気持ちがいっぱいいっぱいで、この先やっていけるんかな）

弱気になるたび、自分の心にムチを打ちました。こんなことでヘコんでどうする！　ふたりが高校を卒業するまで働かなきゃいけないのに。でも、ああ、そんなこと本当にできるのかな？　考えるほど、先行きの暗さに胸が押し潰されそうになりました。

「わたしって弱いんだ」

初めてそう感じました。自分はなんて世間知らずだったんだろう。お嬢さまってわけじゃないけど、実家ではお金で不自由をしたことはないし、両親はわたしに好きなことをさせてくれた。世情にうとくて、経験値がすごく低い。こんなわたしが、女手ひとつで子どもを育てようだなんて、おこがましい考えだったのかなぁ……。

当時のわたしは仕事ではなく、自分自身にくじけそうになってました。何から何までひとりで背負いこんで、周りに助けを求めるってことすら思いつかなかった。愛おしいけど重いものを抱えて生きていくことに息切れしていた、そんなある日のことです。一日の仕事が終わって「おつかれさまでした」と力なく挨拶して外に出ると、コンビニの前に広がる駐車場に、小さな影がふたつ伸びていました。

「ママ！」

呼びかけられ、目をこすりました。あれは桜太と春太。わたしのかわいい子どもたち。でも、どうして？　いまごろ彼らは、家でお留守番をしているはずなのに。

「アンタたち、どうしたん？　こんなところまで歩いてきたん？」

18時を過ぎたら、子どもたちだけで家から出ない約束でした。ふたりがここにいるということは、それを破ったということ。なのに、わたしの声は涙で湿っていました。彼らは何かを思って、大人でも20分かかる道のりを、小さな足でてくてく歩いてきたのです。

「兄ちゃんが、ママのこと心配だって言いよるけ」と春太が言えば、

「な……！　お前が、心配やぁ心配やぁ言うたんじゃろ！」と桜太が顔を真っ赤にします。

「でも、兄ちゃんから『ママのコンビニ行こう』って言うたんじゃろ」

「そりゃそうじゃけど……」

「だから僕、兄ちゃんを連れてきてあげたんよ、ママ」

涙はすぐに引っこみ、笑いがこみ上げてきました。目尻に残った涙もそのままに、

「帰ろうか。ねえ、お腹減ったじゃろ？　今夜はおいしいもの食べよ」
と言って右手を桜太、左手を春太に向かって差し出しました。離婚はしたけど……わたし、幸せ者だったんだなぁ。３人で手をつないで歩く帰り道、ひとりで苦労した気になってい た自分を恥じました。この子たちが支えてくれてるんだから、慣れない仕事ぐらいなんだっていうの？　将来への不安も、いまをきっちり生きてさえいれば、いつかきっと解消される——自分のお腹から産まれたふたりに、そう教えてもらいました。

それ以来、息子たちは週に2度ほどコンビニに来るようになりました。駐車場で遊んで、わたしの仕事が終わるのを待つ彼らは、わたしの小さな恋人。デートの待ち合わせ時間が気になる女の子のように、わたしは何度も時計を見て、あがりの時間を待ちました。

働いても働いても極貧生活

コンビニのお給料だけでは十分とは言えなかったので、休日を利用してポスティングの仕事も始めました。決められたエリアにある住宅やマンションのポストに、チラシなどを配って歩く仕事です。夏の炎天下や冬の寒空のした、徒歩で仕事をこなすのは大変でしたが、幸せな時間でもありました。わたしが「ポスティング行きたい人〜！」と声をかけると、ふたりは何をしていても中断し、玄関に走ってきて靴を履きました。天気がいいと、お散歩気分。そんな日はお弁当を用意し、途中の公園で食べました。

やがて同じ会社から、ダイレクトメールの仕分けも請け負うことになりました。これは平日夜の内職にしたので、眠い目をこすっての作業になったけど、やっぱり子どもたちの支えがあったからこそ続けられたのです。封書でいっぱいのダンボール箱を運んでくれたり、簡単な糊《のり》付けをしてくれたり……。それで仕事が大幅にはかどることはなくても、ママの力になりたいというふたりの気持ちが何よりもうれしかったなぁ。

半年もすると、コンビニの仕事内容が少しずつ変わってきました。レジ打ちや商品の補充だけでなく、商品ディスプレイや発注も任せてもらえるようになったんです。時給もわずかながらアップし、責任のある業務を任せてもらっているという充実感から、仕事を楽しいと感じるようにもなりました。離婚当初、まったく余裕を失っていた自分自身を顧《かえり》みる心のゆとりもでてきました。真面目に仕事に取り組んだことが評価され、お給料が上がるという形で自分に返ってくる――わたしは初めて〝世の中と自分がつながってる！〟と実感することができました。

それでも母子３人の暮らし向きがとても苦しいものだったというのは、否定できません。食べ盛りの子どもがいるのに、食費にも事欠くありさま。スーパーの青果売り場ではキャベツや白菜のいちばん外側の、汚れた部分が捨てられています。それを「ウチで飼ってるウサギのえさにするので……」と言い訳をして分けてもらい、なんとかおいしく食べようと工夫を重ねました。近所のパン屋で捨てられる食パンの耳を無料で譲り受け、これをカリッと揚げて砂糖をまぶしたものが、毎日の朝食になっていた時期もありました。

子どもに苦労させたくはなかったけど、現実にはずいぶん我慢させてただろうなぁ。年ごろの子たちが欲しがるおもちゃやゲームは、ひとつも買ってあげられなかったし、服だってめったに新調できなくて、特に春太はいくつになってもお兄ちゃんのお下がり以外、着たことがなかったと記憶しています。いまではふたりとも10代半ば。母親からすればちょっと難しい年ごろですが、当時のことは、いまでも時々話題にのぼります。

「ウチって貧乏だったよなぁ。おかずが葉っぱだけじゃったもん」

と思い出しては、笑いあう桜太と春太。近ごろ流行《はや》りの節約レシピを紹介するテレビや雑誌をわたしが見ていると、息子たちから、

「あのころはこんなレベルじゃなかったし。俺、一生分の節約ご飯を食べたけぇ」

と、よってたかってツッコまれることもあります。そんなふたりを前に、わたしはただただ感謝するだけ。苦労をかけたのに、よくちゃんと育ってくれました。成績はあんまり良くないし、運動神経も自慢できるほどじゃない。でも、いいんです。ふたりとも健康で、素直。子どもは親が育てるものと思いがちですが、子どもは自分自身のなかに育つ力を持って産まれてくるんだということを、わたしは目の当たりにしました。

失敗がもたらした新しい恋

10代後半で恋に落ちて結婚して妊娠して出産して子育てをして……。初恋の人との壮絶

な結末に疲れていたわたしは、もう二度と恋愛はしないだろうと思っていました。直純以外の男性は知らなかったけど、「それでいいや」という気分でした。それなのに――。ふたりめの恋人、寺崎くんとの始まりは、わたしの発注ミスがきっかけでした。

コンビニでの仕事にやりがいを感じ、責任ある仕事を任せられるようになって、わたしは張りきっていました。図に乗っていたのかなぁ。ううん、そんなことはないと思うけど、とうとうやってしまったんです。発注伝票の個数を書きこむ欄に〝0〟をひとつ多く書いてしまうという大失敗を！　後日、予定の10倍の数の品物が納品されました。バックヤードは、あっちを向いてもこっちを向いてもダンボールの箱、箱、箱。

（これ、ありえんわぁ……）

ダンボールの山に自分がしでかしたミスの大きさを思い知らされ、わたしは青ざめました。コンビニオーナーの老夫妻は、「誰にでもミスはあるけぇ」と慰めてくれたし、それどころか「みんなでがんばって売っていこうや」と肩を叩いてくれたけど、そのやさしさの前にわたしはかえって申し訳なくて、お詫びの言葉もしどろもどろになりました。

（どうしよう……）

考えるほどわからなくなっていきます。ちょっとは仕事を任せてもらえるようになったとはいえ、わたしは社会に出てまだ1年足らずのヒヨッ子。うぬぼれるのではなく、もっと謙虚に仕事に取り組むべきだったのに……。ふいに後ろから肩を叩かれました。

「長谷川さん、どしたん?」

振り返ると、アルバイト仲間の寺崎くんが立っていました。

「ああ、この段ボール、すごいよね。やっちゃったね、長谷川さん」

内容に反して彼の口調は軽く、わたしの肩の力も抜けていきます。

「うん……。大失敗じゃね。辞表、書いたほうがいいんかねぇ」

「まぁ、オッサンもオバチャンもそんな怒ってないけ、心配せんでもええって」

そう言って寺崎くんはニッと笑い、

「それにバイトなんじゃけぇ、辞表はいらんと思うよ」

と付け加えました。彼がオーナーの老夫妻のことをオッサン、オバチャンと呼んだことなんてこれまで一度もありませんでした。わたしの心を軽くしようと思い、わざと言ってくれてるんだね。そんな彼の気持ちをムダにしたくなくて、わたしも無理をして唇の端をニッとあげました。その瞬間、ふたりのあいだに淡い共犯者意識が芽生えました。

寺崎くんはわたしより2歳年下。でもコンビニでの仕事歴は長く、先輩にあたります。よく冗談を言っては笑わせてくれるから、いつのころからかわたしは彼とシフトが一緒になるのを心待ちにしていました。駐車場でわたしの仕事が終わるのを待っている息子たちにチロルチョコをくれることもあり、ふたりとも「お兄ちゃん」となついていました。

「でも、ヘコむのはしようがないね。元気出してよ、って言うても無理じゃろうけ、パッと呑みにでもいかん？」

彼の口から出たのは、思ってもみない言葉でした。長年、男性から誘われるということから遠ざかっていたわたしは、これを聞いて慌ててしまいました。

（寺崎くん、純粋に励ましてくれてるの？　それともデートのお誘い？）

直純以外の男性に誘われたのは、結婚前までさかのぼるから、はるか昔の10代のころです。子どもの恋愛……というより恋愛ごっこをしてた時期。こうして大人になって誘われるのは、わたしにとって初めての経験でした。心が浮き立ったけど、でも、

「うれしいんじゃけど、子どもたちが待っとるけん……」

と言うしかありませんでした。お腹を空かせているだろうから早く帰ってあげたいし、わたし自身も仕事のミスで落ちこんでいるいま、いちばん一緒にいたいのは息子たちでした。

「だよね。じゃあ、別の日に行こ。約束ね」

これで、わたしも断る理由がありません。実は以前から気づいてたんです。寺崎くんと直純が似ていることに。細身で長身、男性にしてはほっそりと長い指の持ち主。わたし、彼のなかに元夫の面影を探してる。あんなにズタズタになって別れたっていうのに……。

耐えるわたしと、おびえる子ども

その日を境に、寺崎くんとわたしは急接近しました。コンビニの仕事もシフトをなるべく合わせて入り、仕事が終われば揃ってわたしの家でご飯を食べます。子どもたちもにぎやかな食卓がうれしかったようです。以前からふたりがなついていたこともあり、寺崎くんは、わたしがご飯の仕度をしているあいだ子どもたちと遊んでくれたり、お風呂に入れてくれたりと、あれこれ面倒を見てくれたから、ずいぶん助かりました。

そうしているうちに彼はほとんど自宅には帰らず、ウチで過ごすようになりました。近所の人は彼を〝旦那さん〟と呼び、わたしたち自身も夫婦同然にふるまっていました。

残念だったのは、セックスの相性がイマイチだったこと。寺崎くんが下手だったというよりは、わたしの身体がまだ直純を記憶していたんだと思います。わたしはセックスにまつわるすべてを直純から教えてもらいました。妊娠するまではほぼ毎日愛しあってたし、彼が家に女を連れこんだときですら夫婦生活は途絶えませんでした。身体にも脳にも、直純という男の存在が刻みこまれ、そう簡単には消えそうにもなかったのです。

寺崎くんの前で元夫の話題が出ることはなかったけど、それでも何かを感じとっていたのでしょう。嫉妬とイラ立ちからお酒の量が増え、コンビニの仕事をサボるようになりました。最初は2週間に1度だったのが週に1度になり、3日に1度になり、しまいには無断欠勤をしても平気な顔でいるようになりました。オーナーの老夫婦には申し訳なかったけど、わたしと彼が付き合ってることは内緒にしていたから、謝ることもできなかった。

彼が生活費を入れなくなったことで、我が家の経済状況は輪をかけて苦しくなりました。

ただでさえ彼の食費や酒代が増えていたのに……。そんな状況のなかで、わたしはお金より困った問題に悩まされることになります。それは、寺崎くんの暴力でした。

お酒が一定量を超えると、彼の目はどろりと曇りました。その目で睨まれると子どもたちはおびえ、身体を硬直させました。わたしはふたりを子ども部屋に避難させ、静かに遊んでるように言いつけました。そうしているあいだにも、寺崎くんは自分を追いこむように飲みつづけています。それほど酒が強いわけでもないのに。

そして最後には決まって、わたしに手を上げました。前後不覚になりながらも、顔や腕など露出するところを器用に避けながら、平手でわたしの肌を打ち、拳を叩きつけてきました。ときには、足のつま先が飛んでくることもありました。巧妙で手慣れたやり口に、わたしは気づきました。「この人、前にも女性に暴力をふるったことがあるんだ」――発注ミスで落ちこんでるわたしに声をかけてくれた寺崎くん。あんなやさしい笑顔を見せられたんじゃ見破れないよ。怠惰で、利己的で、凶暴。これが彼の本性だったんだ。

子ども部屋にいるふたりに心配をさせないよう、うめき声をこらえると、寺崎くんはそれが許せないのか、ますます暴力をエスカレートさせます。声は押し殺せても、肉をぶつ鈍い音は伝わるようで、子どもたちも何が起きているか、わかっていたのでしょう。やがて春太のすすり泣く声が聞こえてきても、寺崎くんの暴走は止まりませんでした。

（怖い思いをさせてごめんね……）

ぶたれる痛みよりも、心の苦痛のほうが大きかった。胸の内で子どもたちに謝りながら、わたしはただ嵐が過ぎるのを待ちました。

そんなことがあっても、わたしは彼と別れられませんでした。ひとしきり暴力が済んだ後に、ハッと我に返り、涙を流して土下座する寺崎くん。それから家を飛び出し、子どもたちにちょっとしたお菓子やおもちゃを買ってきては「ごめんな、びっくりしたやろ」と、しおらしく謝るのが、いつものパターンでした。お金はわたしの財布から抜き取ったものだったけど……。でも、うって変わったやさしい声音《こわね》と、自分がしでかしたことにおびえている気弱な瞳に、わたしは毎度ほだされ、彼を許してしまいました。

（お人好しも、ここまでいくと病気だなぁ）

自分でもほとほと嫌気が差しましたが、誰かに頼りたい気持ちがそうさせたんだと思います。こんな彼でも、家に男の人がいるという安心感を手放したくなかったんです。

ママを守る小さなナイト

週に2度は暴力にさらされる日々が続きました。きっかけはほんの小さなことだったたし、日によっては理由なく殴られることもありました。体重が落ちてげっそりとしたわたしを見て、コンビニオーナーの夫妻も「何かあったんなら、相談しぃや」と言ってくれました。

もっとかわいそうなのは子どもたちです。桜太は無口になり、春太は指しゃぶりをするようになりました。赤ちゃん返りです。夜中にオネショしてしまったこともありました。大事な息子たちを情緒不安定にしてまで、わたし、何をしてるんだろう……。別れなきゃと思いながらも、わたし自身も寺崎くんと向き合うのが怖かった。「出ていって」と今日言おう、いや明日にしようと先延ばしにしているうちに数週間が過ぎました。

その夜も、コンビニまで迎えにきてくれた息子たちと連れだって帰宅すると、彼はすでに暴力モードに突入していました。すぐに危険を察知したわたしは、いつものように息子たちを子ども部屋にうながしました。

が、どうしたのでしょう。桜太は頑として、その場を動こうとしません。足を開き、踏ん張るようにして立っています。まだ9歳の子どもの身体。しかも同級生たちと比べても、かなり小柄です。その小さな身体で、この子はわたしを守ろうとしている……！

わたしは、うれしさを感じるより先に、焦りました。寺崎くんはこれまで子どもに手を上げたことはなかったけど、それはわたしがふたりを避難させていたから。キレたときの彼は見境がなくなるし、何をするかわからない。そんな彼の視界に、子どもたちを置いておけば、誰だって安全は保証できないのです。

春太が泣き出しました。火がついたようなヒステリックな泣き声に、寺崎くんの顔がゆがんで、そのいびつな表情はわたしでもゾッとしたほど。なのに、それでも桜太は仁王立ちのまま、じっと寺崎くんを見上げています。この子、睨んでるんだ。寺崎くんを威嚇《いかく》してるんだ。ママのために、全身で戦ってるんだ。

そして、桜太はついに叫びました。

「ママをいじめるな！」

幼い声の持つ必死さに、寺崎くんはまるで冷水でも浴びせられたかのように、ビクッと身を縮めました。春太がしゃくりあげる声も、同時にやみました。

「もうママをなぐるなよ！　僕たちのウチから出てけ！」

それは、揺るぎない意思を持った言葉でした。母親を、家族を守ろうとする意思がみなぎっていました。こんな小さな子が勇気を振り絞ってくれているのに、母親であるわたしが応えなくてどうするの？　ママは、弱いママだった。あなたたちを守るって言いながら、こんなに怖い思いをさせてたんだね。勇気がなくてごめんね。それなのに、あなたたちがこんなに勇敢な息子でいてくれて、ママはどう感謝していいかわからない。

いまこそ、別れの言葉を伝えるときです。わたしが寺崎くんに視線を移すと、彼は肩を落とし、力なくうなずきました。幼い桜太の勇姿に、気圧《けお》されていたようです。ひと言も発しないまま、わたしたちの関係は解消されました。

寺崎くんは一度部屋の奥に消え、リュックサックを手に玄関に戻ってきました。わたしたちのアパートに彼が持ちこんだ荷物は、たったそれだけ。外に出ることも滅多になく、酒を呑んでいるか寝ているかという生活だったんだから、それでも十分だったんです。

「元気でね」

わたしは、彼の後ろ姿に声をかけようとしました。一時期とはいえ夫婦同然に暮らしていたんだし、それぐらい言ってあげないと、という義務感があったから。でも、声にならなかった。彼も、拒んでいるように見えました。その背中には敗北感がにじんでいました。その相手はわたしじゃないし、寺崎くん自身でもない。彼は、小さな勇者に負けたのです。わたしたち親子の前に姿を現すことは、二度とないでしょう。

寺崎くんの姿が見えなくなってから、わたしは桜太という名前の勇敢なナイトを、力いっぱい抱きしめました。

「守ってくれて、ありがとう」

触れてみて初めて、小さな身体が震えていたことを知りました。そうだよね、怖かったよね。春太が鼻を鳴らして、すり寄ってきました。次男はいつだって、甘えん坊です。

ふたりいっぺんに抱っこして、わたしは誓いました。これからは、もうよそ見しないからね。あなたたちだけを見て、生きるからね——照れくさくなったのか、クスクス笑い出したふたりを見て、母の思いは息子たちに伝わった、そう確信できました。

第6章

マリちゃんのリコーダー
～現役デリヘル嬢時代の思い出～

デリヘルは、金銭の対価として性的サービスをするだけの仕事と思われがちです。それを簡単な仕事とみなすか、つらい仕事とみなすか、賎《いや》しい仕事とみなすかは、人それぞれでしょう。デリヘル嬢として働いていた4年間、つらいこともありましたが、いま思い出すのは楽しかった出来事のほうが多いかな。そこは、人と人とが出会う場だからです。

わたしはもともと〝人〟が大好きで、常連の方はもちろん、出張で広島市にいらしたお客さまと一期一会のひとときを過ごす場合でも、「この出会いを大切にしよう」と思いながら接していました。一緒に楽しい時間を過ごしたい。わたしはあなたのことが好きなのよ——そんな〝まごころ〟をこめて接すれば、たいていのお客さまは応えてくださいます。知れば知るほど奥深い仕事だと、わたしは感じていました。

ウソをついているという罪悪感

わたしがデリヘルデビューをしたお店「キャンディリップス」は、いまは存在しません。

この業界は競争が激しく、人気がないお店はすぐに潰れます。不人気のお店とは、お客さまにとっても働く女の子たちにとっても優良ではないお店のことです。「キャンディリップス」は最低ランク。〝客は札ビラ。デリヘル嬢はそれを引き出すための道具〟という経営方針が、わたしみたいな経験の浅い嬢にもすぐにわかる程度だったんです。

そんなところで「21歳の現役女子大生、マリちゃん」として売り出されたんだから、とてもじゃないけどいいスタートだとは言えません。無理がある設定は女の子も苦しいし、お客さまだってガッカリします。「何学部？」「サークルとかやってるの？」と聞かれても、わたしは口をもごもごと動かすだけで答えられなかった。お腹に残る妊娠線にお客さまが気づき、気まずい雰囲気になったこともあります。

次第にわたしは、お客さまを騙《だま》しているような罪悪感にとらわれるようになりました。接客中に笑顔でいられなくなり、黙々と性的サービスをこなすだけ……。そのころのわたしはすでに、ひとつひとつの出会いを大切にすることが、指名につながると気づいていましたが、ウソをついてるんだから、それすらできなかった。気持ちが触れあわない性的サービスというのは、口のなかで輪ゴムを噛みつづけるくらい味気ないものです。

チーフマネージャーの西谷は「ヌケばいい」と言いましたが、お客さまは単に肉体的な快感のためだけにお金を払っているわけではありません。彼らが求めているのは、女の子と過ごす楽しい時間。性的サービスよりも、ふたりきりでのおしゃべりや、恋人同士のような甘い雰囲気が喜ばれることもあると、わたしは接客しながら肌で学んでいきました。レベルの低いお店では、スタッフの質もたかが知れています。ひとりひとりの意識が低いんです。たとえば、「キャンディリップス」には女性ドライバーがいました。彼女も以前はデリヘル嬢で、その後スタッフに転身したと聞かされていたから、初めて彼女が運転する車に乗ることになったとき、わたしはラッキーだと思いました。というのも女性ドライバーのほうが気分がラクだから。お客さまの部屋からまた別のお客さまが待つ部屋へ移動するとき、メイクを直すにも仮眠をとるにも、女性同士なら気兼ねも遠慮もいりません。ガールズトークをして気分転換もできるし、悪いことはないはずでした。

「マリです。よろしくお願いしまーす」

わたしは明るく挨拶をして車に乗りこみました。彼女からの挨拶は……なし。聞こえなかったのかな？　もう一度、「あの、はじめまして」と言いかけたとき、車がいきなり発進しました。おしゃべりが苦手なドライバーさんはいるし、わたしはそれに気づかずどんどん話しかけて煙たがられることがよくあるので、彼女もそういうタイプなんだなと考えて、黙っていることにしました。

彼女も元デリヘル嬢なのに……

車は幹線道路を走り、信号で引っかかりました。隣に並んだ車が軽くクラクションを鳴らし、見ると運転席と助手席に座った男性が、それぞれ手を振っています。わたしにとっては、知らない人たち。応じたのは、ドライバーの彼女でした。窓を開け「ひさしぶりじゃねぇ、元気でやってんの?」と明るい声で話しかけているのを見て、わたしは、（なんだ、話せる人なんじゃん。人見知りで、初対面の人は苦手っていうだけかな）と思い、後部座席で息をひそめていました。その男友だちが彼女の過去、そして現在の仕事を知っているなら、わたしの存在を知られたくなかったのです。ところが、早口で近況

報告をしていた彼女が、おもむろに後部座席を振り返りました。そして、

「これ、ウチの嬢じゃけぇ」

と、わたしを指差すのです。信じられなかった。それ、いまここで言う必要ある？　わたしは目で訴えましたが、彼女は知らん顔。騒ぎ出したのは、隣の車の男ふたりです。

「お仕事、ご苦労さんでーす。これから男の×××をしゃぶりに行くんスかぁ」

「俺らコイツの友だちだから、安くしてくださいよぉ」

「おねえさん、どこまでヤラしてくれんのー？」

ひと言ひと言に胸をえぐられました。お客さまには何を言われても平気だし、笑顔で切り返せるくらいじゃないとデリヘル嬢は務まらない。でも、なんで見ず知らずの男たちからこんな屈辱を受けなきゃいけないの？　デリヘル嬢経験者で、わたしたちの気持ちを知っているはずの彼女が、どうして男たちをけしかけるの？　意味わかんない！　この一件に、わたしは彼女の人間性と「キャンディリップス」という店の本質を見ました。

さらに、「キャンディリップス」では、西谷をはじめとする男性スタッフからのセクハラが日常的に行われていました。要は「金払いがよくて、ラクそうな客を優先して回して

やるから、その代わり俺にもヤラせろよ」ってことです。デリヘル嬢だからって誰にでも身体を開くわけじゃないのに……。プロ意識がある女の子なら取引や脅しで関係を迫られても拒絶します。でもその一方で、なんの考えもなく応じる子もいます。そうして単に性にだらしのない嬢のほうが稼げるとなると、お店のレベルは下がる一方です。

第一、こんなことを言ってくるスタッフは、デリヘルという職業そのもの、そしてデリヘル嬢を見下しています。単なるヤリマンだったり、頭が悪かったりして、一般社会で働けない女たちなんだと。そんな底辺の女たちに金を払う客もバカにちがいない――そう思っているのです。自分は、そのデリヘル嬢たちが稼いできたお金で生活してるっていうことに気づいてないのだから、本当に頭の痛いことです。

姉のような女性店長との出会い

「キャンディリップス」のスタッフと話していると、心がすり減るばかり……。身体より先に、気持ちがもたないと思い、わたしはこのお店を辞めることにしました。

デビューから1年あまり経ったこのころには、もうコンビニやポスティングの仕事と掛け持ちはしていませんでした。デリヘルだけで生計を立てられるようになっていたから、次の働き口もほかの仕事は考えず、別の店を探すつもりでした。どうやってお店を探そう……寝ても覚めてもそのことで頭がいっぱいだったせいか、親しいお客さまの前で、

「どこか働きやすいお店ないかなぁ」

とポツリつぶやいたことがありました。すると、その方が、

「何なに？　マリちゃんお店移りたいの？」

と親身になって相談に乗ってくれたのです。彼はいくつかのデリヘル店を利用し女の子を呼んでいますが、くまのプーさんみたいな風貌と気さくな人柄のせいか、女の子がお店やスタッフについてのグチをよくこぼすのだそうです。ところが、あるお店に勤めている子たちだけは口を揃えて「働きやすい」と言うのだとか。

「どこ？　そのお店」

まだお店の名前すら聞かされていないのに、わたしはなぜか自分がそこで働くことにな

ると確信していました。というのも、ほかのデリヘル店とは決定的にちがうことがひとつあったから。経営者兼店長が、女性だというのです。男性スタッフの横柄な態度にイヤ気がさしていたわたしにとって、これは朗報でした。「スウィートガールズ」――お客さまから店名を聞き出し、わたしはその場で面接のためのアポイントを取りました。

翌日、事務所でわたしを迎え入れてくれたのは、女性経営者であり店長でもある、響子《きょうこ》さんその人。年齢は40歳手前ぐらい、長身の美女でした。サバサバした話し方がかっこよくて、わたしは会った瞬間からこの人を信頼してしまいました。「姐《ねえ》さん、どこまでもついていきます！」って感じ。ひとりっ子のわたしは、〝お姉ちゃん〟という存在に憧れていて、響子さんという女性は、まさにその理想像に見えたんです。

面接が始まり、響子さんがまず訊いてきたのは、わたしの家庭についてでした。「子どもは何人？」「離婚したのはいつ？」「あなたのご両親は近くに住んでるの？」――ウチの事情を汲んだうえで、出勤のシフトを組んでくれたのです。わたしが出勤するのは、子どもが学校に行っているあいだと、寝ついた後。時間的にはハードだけど、響子さんが「がんばってみなよ」と言うなら大丈夫。「子どもが熱を出したりしたら、その日は休みなさいね」と言ってくれる人が、悪い人のわけがないんだから。

デリヘルの仕事って楽しい！

こうしてわたしは〝スウィートガールズのマリちゃん、31歳〟として再デビューしました。年齢をごまかしたくないと響子さんに相談すると、彼女は「そりゃそうでしょ」とあっさり認めてくれました。ああ、これで楽になれる。もうお客さまの前でウソを重ねる必要がなくなったというだけで、ずいぶん気持ちが軽くなりました。

のびのびと働ける環境、気配りができるスタッフ……響子さんと出会ったことで、何もかもが好転していきました。デリヘルの仕事を面白いと感じるようになったのも、「スウィートガールズ」で働いたがゆえと思っています。あのまま「キャンディリップス」にいたら、わたしは心も身体も悪くしていたか、店を辞めてふたたび貧しさにあえいでいたか、どちらかだったはずです。楽しんで働いている雰囲気が、お客さまにも伝わったからかな。リピートで指名してくださる方が徐々に増えていきました。

「マリは、〝明るくて、一緒にいると楽しくなるデリヘル嬢〟として評判よ」

と響子さんから聞かされたときには、

（ああ、この世界に飛びこんでよかった）

と心から思いました。わたしといることで明るい気持ちになる人がいる……。誰かの役に立っているという充実感。無言で涙を流した最初の日には、この仕事に喜びを見いだす日が来るなんて考えもしなかった。でも、あそこで引き返さなくて本当によかった！　ほどなくして〝マリちゃん〟は、「スウィートガールズ」の売り上げランキング上位に、常に名前を連ねるようになりました。

待機部屋でもイジメが……

ある集団のなかで抜きん出た存在になると、必ずそれを妬む人が出てきます。わたしはそれを、Y女子高校のマンドリン部時代にイヤというほど知りました。上級生や同級生から受けた陰湿なイジメは、いまでも忘れません。でもそれは、まだ未熟な少女たちが幼い嫉妬心を抑えられなくなったからのことであり、まさか大人になってまで同じような経験をするとは思っていませんでした。待機部屋でのイヤがらせ。大らかというか鈍感なところのあるわたしは、最初それに気づいていませんでした。

「マリちゃんのストール、かわいい！　アタシがこれから行くお客さま、上得意じゃからキレイにしていきたいけぇ、そのあいだだけ貸してくれん？」

バーゲンで買ったストールでも、褒められれば悪い気はしません。わたしは、その先輩デリヘル嬢に快く貸し出しました。その日はわたしが待機部屋に戻らず直帰したので、ふたたび彼女と顔を合わせたのは、数日後のことでした。

「あの、わたしのストール……」

話しかけても、彼女はテレビに夢中になっている様子で、画面に見入っています。

「あれ、お気に入りじゃったけぇ、早めに返してくれるとうれしいんじゃけど」

下手《したて》に出ながらもきっぱり要求すると、やっと彼女は顔をあげました。

「なんのこと？」

「この前、お客さまのところに行くのに、わたしのストールを……」

「ストール？　覚えがないんじゃけど。もしかしてアタシがアンタのストールを盗《と》ったとでも言いたいん？」

　驚きました。彼女とは特に親しいってほどでもなかったけど、待機部屋で顔を合わせるたびに軽く雑談はしていたし、その都度、感じのいい人だと思っていたのに。わたしが絶句していると、彼女は待機部屋中に聞こえる大声を出しました。

「アタシがこの子のストールを盗んだところ、見た人おる～？」

　部屋にいた4人の女の子たちは、関わりたくなかったのでしょう。あいまいに首を振るか、聞こえないふりをしているか……。それを見て、先輩の彼女が「ほらね」と言わんばかりに鼻を鳴らしました。わたしはやっと、気づきました。彼女は借りたストールを返したくないわけでも、失《な》くしてしまってスッとぼけたいわけでもなく、わたしにイヤがらせをしたいだけなんだと。そのときです。

「マリ、こっちにいらっしゃい」

響子さんの声でした。それでもわたしは、勝ち誇ってテレビに見入ってる先輩の背後で、下唇をかんだまま突っ立っていました。

「何してるの、早く来なさい」

いつになく強いその口調に、わたしはしぶしぶ響子さんのそばに行きました。

「手があいてるなら、伝票の整理を手伝って。日付順に並べるだけでいいから」

響子さんは仕事が早く、なんでも自分でできてしまう人。なのに、どうしてわたしがその手伝いを……？　疑問は残ったものの、先輩の姿を視界に入れたくなかったわたしは、おとなしく響子さんの隣に座り、黙々と手だけを動かしました。

女性店長への信頼と憧れ

それから、同じようなことが何度かありました。先輩がペットボトルのジュースをこぼし、それが偶然わたしのバッグにかかりました。

「ごめんね、ワザとじゃなかったんじゃけど……。でもマリちゃんは売れっ子だから、新しいのすぐ買えるじゃろ」

先輩がそういうのを聞きながら、わたしがティッシュでバッグのなかの水気を拭き取っていると、ここでも響子さんが現れ、用事を言いつけます。

「トイレットペーパーが切れそうなんだけど、マリ、コンビニで買ってきてくれない？」

わたしにも次第に、響子さんが避難させてくれているのだとわかってきました。衝突を察知するとすぐ声をかけてくれたおかげで、わたしと先輩のあいだにある火種が、それ以上大きくなるのを防げたのです。さらにこの日の夜、わたしが帰宅しようとしていると、

「ちょっと付き合ってよ、マリ」

と響子さんから誘われました。ふたりで向かったのは、待機部屋の近所にある焼鳥屋。朝まで営業しているので、深夜出勤が終わった後、よく飲みにいくお店でした。

飲みっぷりのいい響子さんは、次々とビールジョッキを空にします。わたしはお酒はさほど飲めないものの、スタッフのウワサ話をしたり、息子たちの話を聞いてもらったりするうちに、楽しさに顔が上気してきました。おしゃべりに花を咲かせていると、先輩から

イジワルをされたことも、ささいなことに思えてきました。

「あの子もさ、悪い子じゃないんだよ」

鳥ワサに箸を伸ばしながら切り出す響子さん。あの子――名前を聞かなくても、誰のことかはわかりました。

「最近、売り上げが落ちて焦ってるみたいだけど、それはあの子自身の問題。誰だって調子が悪いときってあるし、それを乗り越えると前より稼げるようになるんだけど……」

特に理由があるわけではないのに、何もかもがウマくいかない。わたし自身にも経験があります。その時期をじっとがまんしていれば、トンネルを抜けるようにフッと道が拓けてくる。響子さんが言いたいことが理解できたから、わたしはうなずきました。

「そこにマリの売り上げが伸びてきたもんだから、イライラしちゃってるんだね。あの子があんなふうに他人に八つ当たりをするの、初めて見たよ」

先輩は軽いおしゃべりには応じても、プライベートなことはあまり口にしない人でした。でも、デリヘル嬢を仕事にしているのだから、お金に困っているのでしょう。わたしも同じ立場だから、彼女の気持ちがわかります。売り上げが落ちれば生活が苦しくなる。焦りに焦るけど、その気持ちをどこに向けていいのかわからない……。

「カゼを引いてるとでも思ってあげようよ。アタシも注意して見ておくし、なるべく待機部屋で一緒にならないようにするから、マリ、しばらくがまんしてやって」

心がカゼを引いているのかぁ。わたしは合点しました。カゼの人に近づかないのは常識。それが移ってこっちまでイライラしてしまうのは、無意味です。子どもじゃないんだから、時間がかかったとしても先輩は自分の力でカゼを治さなければいけません。

「スランプが過ぎれば、あの子もまた元気になるよ。そしたらまた仲良くしてあげてね」

いつも女の子ひとりひとりをよく観察している響子さん。経営者として管理しているのではなく、そのまなざしに肉親のような温かさがあることは、「スウィートガールズ」に在籍するデリヘル嬢全員が感じていることです。ここを紹介してくれたお客さまは、「みんな、働きやすいと言っている」と教えてくれましたが、その理由がよくわかりました。

やさしさと、厳しさの両方を持っている響子さん。たくさんの女の子から頼られて、お客さまからも信頼されて……。すごくカッコイイ！　このときのわたしはまだ、響子さんに女性としての単純な憧れを寄せていただけでした。同じ道を歩むようになると、経営者としての強さ、人としての大きさをさらに感じるようになります。

でもこの夜、自分にそんな未来が待っているとまだ知らないわたしは、幸せな気分でお新香をかじり、憧れの女性と向き合って食事をしているという時間に酔っていました。

自ら編み出した究極の接客

優良店には、いいお客さまがつきます。「スウィートガールズ」では、ハートとハートを触れあわせる喜びを知っているお客さまとのすてきな出会いがたくさんあり、そのなかでわたしは自分なりの接客方法を編み出しました。名付けて〝まごころ接客〟――いままでもカサブランカ・グループのモットーとして掲げている極意です。

とはいえ、特別なテクニックはいりません。ただ、お客さまを前にしたとき、「わたしは、この人が心から好き！」と思うだけ。イケメンじゃなくてもＯＫ。「眉が垂れてて、やさしそうだな」とか「声がとってもセクシー！」とか「よく日に焼けてて、精悍だわァ」とか、ひとつでもチャームポイントを見つければ、自然に好意がわいてきます。

こちらから愛情を注ぐほど、お客さまもわたしのことを好きになってくれます。そうするとふたりきりの時間が格別に甘く、濃密なものになります。一緒にいるときは、常にラブラブな恋人気分。ふたりのあいだに〝性的サービスを金で買っている〟〝買われている〟という後ろ暗さが入りこむ余地は、まったくありませんでした。コースの時間が終わって部屋を出るときに、本気でさみしくなって涙ぐむこともあったくらいです。

不思議なことに、お客さまに愛されれば愛されるほど、彼らは性的サービスを求めなくなります。そして「君のことを大事に思うからこそ、安易に触れられない」と言いながら、180分、240分といった長時間コースの予約を入れてくれます。考えてみれば、ふつうの恋人同士のデートが1、2時間で終わるはずはないし、部屋でエッチなことだけしてバイバイってこともないですもんね。

あるお客さまは、DVDをレンタルして待っていました。ソファにふたり並んで座り、ジュースとスナック菓子を口に運びながら、2時間近くのんびりと鑑賞しました。子どもが産まれて以来、そんなゆっくりした時間を持てなくなっていたわたしは、心からくつろぎました。また別のお客さまは、鍋の材料を買いこんでいました。外に出ると、吐き出した息が白くなるほど寒い日のこと。それだけに、ふたりでつつく鍋は胃と心に沁《し》みたなぁ。シメの雑炊までおいしくいただきました。

彼らが求めていたのは、ごくふつうの恋人同士の時間。最後にはベッドへ移動しますが、キスをしたり、身体に軽く触れあったり、イチャイチャするだけでいいと言うのです。それで「仕事がラクだ」と思うことはありませんでした。「キャンディリップス」で言われた「ヌイてくれればいい」という言葉はある意味、真実です。デリヘルにおいて、それは最低限のサービス。それすら満足していただけないまま、束《つか》の間《ま》の恋人ごっこだけをして終わりなんて、本末転倒です。これでは、お金をいただくことはできません。

たとえるなら「必ず成績を上げます！」と宣伝している学習塾が、いざ子どもたちを集めてみると口々に「勉強したくなーい」と言うもんだから、遊びたい放題にさせるのと同じこと。最初は喜んでいた子どもたちも、いずれ気づきます。自分はなんのために塾に入ったのか、なんのために親がお金を出してくれているのか……。その塾を辞めて別の塾に通いなおすのは時間の問題でしょう。塾なら成績を上げる、デリヘルならもらったお金に見合う性的サービスをする。これをして初めて、生徒数も、指名客も増えるのです。

気持ちも身体も満足してもらうのが、デリヘルにおける理想的なサービス。わたしはまずこれを完ぺきにこなすよう心がけ、同時にマリちゃんの心も身体も好きになってもらえるよう努力しました。わたしは、お客さまとのこうしたキャッチボールが楽しくてしようがなかった。実際に元気をもらっていたのは、わたしのほうだったのかもしれません。

出勤時間が予約で埋まると、待機部屋にいる時間が減り、響子さんと顔を合わせることも少なくなっていましたが、たまに会うと、わたしが生き生き働く様子を見ては「アンタには、これが天職かもしれないね」と言って髪をくしゃくしゃと撫でてくれました。

家事をこなして新婚生活を演出

一方、どんな優良店でも困ったお客さまはいます。

最も多いのが、部屋が汚い男性。自宅にデリヘル嬢を呼ぶのは、独身で、ひとり暮らしをしているお客さまに限られます。そうなると、ある程度、散らかっているのは覚悟のうえだけど、なかには足を踏み入れるのもためらわれ、部屋に入った途端どんよりとこもった空気が鼻につくレベルの人もいました。

こんな部屋に出くわすと、デリヘル嬢は傷つきます。お客さまのことを好きになって恋人気分を味わっていただくつもりで来たのに……。恋人を家に呼ぶ前に、たいていの人は掃除をするでしょう。それをしていないというのは、その人がデリヘル嬢を好きになろう、自分のことも好きになってもらおうと思っていないということ。わたしたちを、ただの排泄のための道具としか見ていないんです。

特に浴室がひどい有様になっていると、テンションは急降下。カビだらけの浴槽や壁。足を置くとヌメッと滑る床……。ひとり暮らしでサッとシャワーを浴びる程度だと、こんな状態でも困らないんだと思うけど、デリヘル嬢にとっては憂鬱《ゆううつ》のタネになります。

なぜなら、デリヘル嬢の仕事はお客さまとシャワーを浴びることからスタートするからです。恥ずかしいのか面倒くさいのか「オレはいいよ」「もう浴びたから」と言う男性がいますが、説得して必ず一緒に浴室に入ってもらい、シャワーで身体をきれいにします。

実はこのとき同時に、お客さまが性病を持っているかいないかもチェックしているのです。男性の性器が正常かつ健康であることを自分の目で確認し、さらに自分の手でしっかり洗います。異常がないように見えても、ボディソープで洗いはじめた途端、「痛ッ！」と声をあげるお客さまもいます。泡が染みるようだと性病の疑いがあるので、サービスは中止。デリヘル嬢はこうして自分自身を守っています。病気への不安を取り除かないかぎり、心をこめたサービスはできません。

汚い部屋に通されるたびに、気持ちがげんなりしたけど……でも、わたしは無理に気持ちを奮い立たせました。わざと大声で

「わー、散らかっとるねぇ。これだとプレイに集中できんじゃろ？　片づけよっか」

と言い、掃除を始めるのです。息子たちも片づけが苦手だったから、将来「ひとり暮らしをしたい」って言い出したら、その部屋はどうなることやら。たまにママが行って掃除してあげることになるんだろうし、そのための予行演習と思えば簡単なことでした。

溜まった洗濯物を洗濯機に入れ、スイッチをオン。それからキッチンの流しに放置された汚れ物を片っ端から洗い、お風呂や洗面所にくるくるとスポンジを回し、部屋にざっと

掃除機をかけます。ここまでするとちょうど洗濯機が終了しているので、手早く衣類を干してしまいます。主婦の本領をいかんなく発揮しました。

お客さまから「家事はいいから、さっさとヌイてくれ」という苦情が出たことは一度もありませんでした。なんだかんだ言って汚い部屋を女の子に見られるのが恥ずかしかったのかな。ピッカピカとまではいかなくても、〝恋人同士〟のふたりが過ごしてもいいと思える程度にまで部屋を片づけてから、わたしは「さ、一緒にシャワー浴びよ」と言ってお客さまの服を脱がせてあげました。

一度でも部屋をきれいに掃除したお客さまは、たいていリピートで指名してくださいました。それも120分以上のロングコースを予約してくれます。わたしが来ると、

「今日もいっぱい溜めておいたけ、マリちゃんよろしくな」

と言って、洗濯物の山を見せてきます。どこかうれしそうで、甘えた笑顔にわたしはいつも母性本能をくすぐられていたっけ。彼らは彼らで、家のなかで女の子がかいがいしく働いているのを見るのが楽しかったのでしょう。新婚生活や同棲生活の甘い雰囲気を、ほんの2、3時間だけでも味わってもらえたんだと思います。

ストーカーと化したお客さま

全力でまごころを注いだがために、かえってトラブルを招いたこともありました。お客さまが、本気になってしまうんです。もちろん、わたしだって時間内は本気の恋愛モード。でも、部屋を出れば、ただのママに戻ります。「桜太を歯医者に行かせなきゃ」とか、「春太はまた宿題をサボッただろうから、連絡帳に何を書かれていることやら」とか、子どものことで頭がいっぱいになります。

でも、一部のお客さまのなかでは、ちがっていたんですね。寝ても覚めても頭のなかはマリちゃん一色。仕事をするのもマリちゃんと会うため。だってデリヘル嬢を部屋に呼ぶには、お金がかかるから。24時間マリちゃんを想って、恋心を募らせて……。ついに、「デリヘル嬢を辞めて、俺と一緒に暮らしてほしい」と言われれば、わたしも「実はバツイチで、子どもがふたり。再婚は考えていない」と打ち明けるしかありません。

マリちゃんではなく長谷川華というバツイチママの、決して生易しくない生活を垣間見ると、ほとんどのお客さまは、これ以上、口説いてはこないもの。夢から覚めて、また別の夢を見させてくれるデリヘル嬢を探すだけです。後味は悪いけど、彼らの求愛に応えられないわたしには、これ以上どうしようもありません。

でも、それでも夢のなかに留まりつづけ、「ここに名前を書いて、判も押しといて」と婚姻届を差し出してきたお客さまもいました。わたしが無言で固まっていると、「提出はせんよ。会えんときに取り出して眺めるだけ。お守りじゃけん」と言われても……判を押したが最後、絶対、市役所に持ってくじゃろ⁉ 知らないうちに夫婦になるのだけは避けたいと思いながらも、お客さまのことを傷つけないように断るのには本当に苦労しました。

アパートの前でわたしを待ちぶせしていたお客さまもいました。

(な、なんでウチの場所がわかったん……?)

考えるまでもありません。子どもたちが学校から帰るギリギリの時間まで予約が埋まっていると、待機部屋には戻らず、送迎車で直接自宅に送り届けてもらうことがあります。そのときに尾行したんでしょう。

残念なことだけど、ここまでされるとこの男性は〝お客さま〟ではなく、ただのストーカーになります。わたし自身だけでなく、子どもたちにも何をされるかわからない。近所の交番に行って自宅の周りをパトロールしてもらうようお願いし、さらに響子さんに連絡して、彼が二度と「スウィートガールズ」を利用できないようにしてもらいました。

どちらかがルールに反することをした瞬間、お客さまとデリヘル嬢のあいだにある均衡は崩れます。これは、すごく悲しいこと。たしかに同僚のデリヘル嬢たちと比べると、わたしは割り切るのが下手で、それゆえ困ったお客さまも多かったけど、せっかく築いてきた関係に悲しい終止符を打つたびに、いつも身を切られるような思いをしました。

マリちゃんのリコーダー

現役デリヘル嬢時代で最も思い出深いお客さま——仮に名前を志木《しき》さんとします。年齢は80歳前後。わたしが知るかぎり、最高齢のお客さまです。小柄な女の子という希望を受けて、響子さんは身長１４５センチのわたしを選んだようです。

志木さんはいつも同じホテルを予約していました。広島市内でも最高級にランクされるホテルです。わたしが行くと、目尻を下げて迎えてくれました。

「よう来てくれたなぁ、マリちゃん。待っとったよ」

傍目《はため》には、孫がかわいくて仕方ない好々爺《こうこうや》にしか見えなかったでしょう。

でも、部屋に入って早々、「さっそく頼むよ」と志木さんが指差す先には……体操服とブルマ。さらには、ランドセルとリコーダーまで用意されているのです。こんなものをどこから入手してきたんだろう？　いまはネット社会。80代の男性でもアブノーマルな物をいろいろと買い揃える手段が、世の中にはあるんですね。

一緒にシャワーを浴び、わたしはその後、体操服に着替えます。胸元には「3―C　マリ」という手書きのゼッケンが。初めてデリバリーされたときには、これがなかったけど、2回目にはしっかり縫いつけられていました。一体誰が……いやいや、考えちゃダメ！　志木さんには志木さんのプライベートがあり、事情があるのです。

体操服とブルマ姿、さらに気を利《き》かせて長い髪をおさげに編んだわたしを見て、志木さんは「よう似合う」と何度も褒めてくれました。すでに三十路《みそじ》も半ば近く、2児の母親であるわたしでも、おじいちゃまの目には初恋の女の子に見えていたのかしら。そう考えるとわたしは、ボランティアというわけではないけど何かとてもいいことをしているような気持ちになりました。わたしがリコーダーを手にするのを待って、志木さんは、

「じゃあ、今日はまず滝廉太郎の『花』からお願いしようかの」

とリクエスト。さあ、たったひとりの観客に向けてのコンサートが開演します！　子どものころＮＨＫ教育テレビの番組『ふえはうたう』の大ファンだったわたし。大人になっても、リコーダーの指さばきは忘れていません。

　春のうららの隅田川……。懐かしい旋律に誘われ、そっとまぶたを閉じて記憶のなかへと戻る志木さん。そこでは子どもに戻って無邪気に友だちと野山を駆けまわったり、お母さんに甘えたり、初恋の女の子を遠くから見つめたりしていたんでしょう。

　演奏が終わって室内に静けさが戻ると、志木さんはいつもすかさず拍手をくれましたが、最後の音の余韻が消えても、目を閉じたまま微動だにしないこともありました。

（これ、ヤバイんじゃないの？）

　なんといっても志木さんはご高齢。わたしは不安になり、あわてて声をかけます。

「志木さ……あ、輝一《てるかず》くん！」

わたしは志木さんにとって初恋の女の子なので、ふたりきりのときは名前で呼ぶ約束になっていました。もしや、ご、ご臨終⁉　冷や汗が背筋をつたいます。肩に手を添えてやさしく揺さぶり、耳のそばでもう何度か名前を呼ぶと、志木さんは静々とまぶたを開けました。そして、わたしの気持ちなんてまるで気づかなかったような穏やかな笑顔で、「いやぁ、いい夢見させてもろたわ」

と言うのです。そんなときの志木さんは、まるで心の半分を極楽に残してきたかのような幸福感に包まれていました。

ランドセルに貯まった開業資金

パチパチパチパチとあらためて拍手をしてから志木さんは、「ちょっと後ろ向いて」と言い、わたしはくるりと背中を向けます。ランドセルのふたが開き、カサリと音がしました。お札が放りこまれた音です。デリヘル嬢としての代金は別にいただくので、音楽で夢を見させてくれたことに対するわたしへのご祝儀、チップです。いただいたチップはお店に報告する義務はありますが、そのまま女の子の収入になります。チップそのものはめずらしいことではなかったけど、志木さんのそれは額が1ケタちがっていました。

『ふるさと』のような唱歌から『青い山脈』のような歌謡曲まで、次々とリクエストをする志木さんでしたが、わたしがその曲を知らないということもよくありました。そんなとき彼は記憶をたどりながら、かすれた声でメロディーを口ずさみます。〝耳コピ〟が得意なわたしがその旋律を正確にとらえ、リコーダーで再現すると、志木さんは目じりに涙をにじませて喜び、ふたたび思い出のなかに帰っていくのでした。

デリヘル嬢として指名をいただいているからには、性的サービスも欠かさずに行いました。手や口で刺激すると、きちんと射精もされました。たぶんバイアグラのような薬の力を借りていたんだとは思うけど……。でも、それはきっと志木さんにとって食後のデザートのようなもの。メインディッシュはあくまでリコーダーの演奏でした。

わたしにとっても志木さんのために演奏するひとときは、心躍るものでした。青春時代のすべてを捧げた音楽への思いが、胸の奥でずっとくすぶっていたのかも。聴いてくれる人のいる前で演奏するのは、格別のうれしさがありました。ましてそのオーディエンスは、わたしが奏でる音色で、ときに涙を流すほど心を揺さぶられているのです。コントラバスのレッスンで先生に「上達したわね」と褒められたときの喜び、パンクバンドでライブハウスを沸かせたときの興奮がよみがえってきました。

だからこそわたしは、志木さんからいただいたチップは大切に使おうと決めていました。コースの時間を終えてホテルを出るころには、ランドセルいっぱいにお札が詰まっていたのです。当時のわたしはデリヘル嬢として波に乗っていたから、収入も増え、生活は安定していました。息子たちがお腹を空かせたままでいることはありませんでしたし、成長に合わせて新しい服を買ってあげられていました。クリスマスにはゲーム機だってプレゼントできたし、ふたりの将来に備えて貯金も始めていたのです。子どもたちのお金が足りているなら、それで十分。わたし自身は特に欲しいものがありませんでした。

とりあえずの使い道が思い浮かばなかったから、チップは全額、貯金していました。そして、実はこの貯金こそが、後にデリヘル店を起業するときの資金になったのです。音楽という少女時代の夢を思い出させてくれただけでなく、自分の店を持つという新しい夢を切り拓いてくれた志木さんには、いまも感謝しています。現役を引退した後は、会うこともなくなったけど、同じ広島市の空の下、変わらずお元気でいることを信じています。

たくさんの出会いから、わたしはデリヘルのよいところも悪いところも教えてもらいました。すべての出会いに意味があったと思っています。

特に常連のお客さまには、支えてもらったし、応援してもらった。その場かぎり、いい顔をしてかわいく振る舞うことは、とても簡単。でもそこに心がともなっていないと、お客さまとの関係もその場かぎりで終わります。でもわたしは、そうしたくなかった。いい出会いであるほど、それを末永く続けたかった。

デリヘルは接客業のひとつだけど、わたしはお客さまの前で「接客しなきゃ」と思ったことはありませんでした。ただ、その人のことを知りたくて、わたしのことを知ってもらいたくて……それだけのこと。わたしの思いが通じたのか、こうしたお客さまとは、わたしがカサブランカ・グループを経営するようになってからも交流が続いています。長い人だと、足かけ8年近くのお付き合いになります。

わたし自身はもうデリヘル嬢としてお客さまに会いにいくことがないから、さみしさを感じるときもあります。それは向こうも同じようで、別の女の子を指名してくれるとき、予約受付の電話口で雑談のついでに、「もうマリちゃんは来てくれんのじゃろ?」ってポツリと言われることがあります。ごめんねと申し訳なく思うと同時に、マリちゃんは愛されていたんだなぁと、心がポッと温まります。お客さまから注がれる愛情は、デリヘル嬢にとって最高の勲章です。月日が経って少し色褪せはしたけど、わたしはいまでも、自分の胸にこの勲章が輝きつづけていると実感しています。

第７章

子宮筋腫を発見
〜デリヘル嬢から女性経営者に転身〜

彼氏ができたから、結婚するから、学校を卒業して就職するから、借金を完済したから……デリヘルを始めるきっかけがそれぞれなら、辞める理由もひとりひとりちがいます。カサブランカ・グループの女の子たちは、わたしにとってはかわいい妹であり、デリヘルという厳しい世界で一緒に戦い抜く仲間。そんな彼女たちとの別れは悲しいけど、女の子が風俗の世界から足を洗うというのは、喜んであげるべきことなのです。

わたし自身もデリヘル嬢をずっと続けられるとは思っていませんでした。体力勝負の仕事です。気づけば、わたしも30代半ば。いまは全力疾走できても、来年は？　その次の年は？　いつ卒業するんだろう、その後はどうすればいいんだろう——いつもそのことが心の隅にあったけど、卒業の日は思いもかけないタイミングでやって来ました。

卒業後、どうやって稼ごう？

「子宮に筋腫ができていますね」

産婦人科の女性医師の声は、淡々としていました。そりゃそうです。子宮筋腫は特に珍しくもない病気。でも、わたしはその病名を重く受け止めました。

プロ意識のあるデリヘル嬢は、定期的に産婦人科に行き、性病にかかっていないかどうかをチェックします。デリヘルでのサービスに性器の挿入はなくても、エロティックなボディタッチは含まれます。男性が手や口で女の子を愛撫することもあれば、〝すまた〟と呼ばれる人気のプレイでは男性のペニスを女の子の太ももにはさんで刺激することもあるから、用心を怠ってはいけないのです。

お店も女の子に注意をうながすほか、病院を紹介するぐらいのことはしてくれますが、自分の身を守るのは、最終的には自分だけ。だから、わたしは月に一度と決めて通っていました。ついでにというワケではないけど、半年に一度は子宮や卵巣のチェックもお願いしていたから、ごく早い時期に筋腫を発見できたのです。病名を告げられた瞬間、

（もうこの仕事はできないな）

自然とそう思いました。男性の指や舌が自分の粘膜に触れることに、本能的な抵抗感を覚えたのです。好きな男性とのセックスはあきらめたくなかったけど、デリヘルの仕事を

続けていけば、これからもお客さまは増えていくし……。わたしの子宮筋腫は簡単な手術を受ければ問題ない程度と聞かされましたが、それでも性的な行為に対する不安感は払拭できませんでした。デリヘルの世界に足を踏み入れて、4年目の春のことでした。

「ついに卒業かぁ」

この事態をどう受け止めればいいのか、自分でもよくわかりませんでした。まだ実感がないから特に感慨もなかったし、未練があるかというと……うーん、どうなんだろう。わたしが考えていたのは、ただひとつ、

「お金、どうしよう」

多少の貯金ができるようになっていたとはいえ、息子ふたりはますますお金がかかる年齢にさしかかっています。彼らの将来を思えば、口座にある金額が十分だとは思えませんでした。かといって、いまさらほかの仕事に就《つ》くことは考えられないし……。

帰宅して玄関のドアを開けても、物音は聞こえてきませんでした。桜太と春太が「ママ、おかえり！」と迎えにきてくれることは、もうひさしく、なくなっていました。ママといるより、友だちと遊ぶほうが楽しいのでしょう。それはそれですごくさみしいけど、こう

してひとりで考えをめぐらせたいときには好都合でした。

「デリヘル、かぁ……」

　日払いのお金欲しさに、ワケもわからず飛びこんだ世界でした。初めて会った男性の性器にいきなり触れることに慣れなくて、全身にブワッと鳥肌が立ったこともありました。でも「スウィートガールズ」に移籍してからは、仕事が楽しくて、新しいお客さまと出会うたびにワクワクして……。この４年間で経験したあれやこれやを思い出すうちに、わたしの胸のなかで、ある思いが頭をもたげはじめました。

「卒業しても、この世界から離れたくない」

　これがわたしの正直な思いでした。この仕事が好き。そしてわたしは、デリヘルに救ってもらった。この仕事がなかったら、母子３人、餓死していたかもしれない。大げさじゃなく、心からそう思います。だからわたしは、

「……恩返しをしなきゃ」

　そう、わたしたち母子を救ってくれたデリヘルに、今度はわたしのほうから力を貸す番です。考えるうちに、モヤモヤしていた思いがくっきりと形を成していきました。わたし

にできること。それは、かつてのわたしのような境遇にいる女の子たちの手助けをすること。彼女たちが途方に暮れてデリヘルの世界に入ってきたとき、働きやすい環境を作ってあげたい。彼女たちがイヤな思いをすることなく、ちゃんと稼げるお店を作りたい！

夢、見つけちゃった。嬢を辞めても、わたしはデリヘルの世界で生きていく。すでに日が落ち、真っ暗になった部屋のなかで、わたしはひとり明るい未来を思い描いていました。

憧れの存在から、デリヘル界の戦友へ

辞めると決めたら早いほうがいい、わたしの直感がそう言っていました。わたしは響子さんに卒業の意思を伝え、新規の予約をストップしてもらいました。そしていつもお世話になっている産婦人科に入院し、手術をして病気を完治させてから、常連のお客さまに直接会って、卒業の挨拶をしてまわりました。

もちろん志木のおじいちゃまも、そのひとり。最後のリコーダー演奏が終わった後に卒

業のことを打ち明けると、「それはよかった」と仏さまのような笑顔を見せてくれました。初恋の女の子に重ね合わせているマリちゃんが、いつまでも風俗の仕事をしているということに、実は心を痛めていたのだと知りました。リコーダーの音色をもう二度と聴けないという感傷を押し殺して喜んでくれる姿に、わたしまで涙を誘われました。

なじみのお客さまへの挨拶もそろそろ終わりにさしかかり、無事に卒業……の前に、わたしには大仕事が残っていました。響子さんと話をすることです。マリちゃんは、響子さんと出会ったことで花開いたデリヘル嬢でした。わたしにとっての彼女は、姉であり、憧れの先輩であり、デリヘル界の師匠です。心から感謝していたし、経営者と従業員という間柄以上の信頼関係を築けているという自信もありました。でも、彼女のことを思えば思うほど……自分のお店を持ちたいと宣言をするのは、気が引けたんです。

「スウィートガールズ」でわたしが売り上げベスト3の常連になったころから、響子さんはたびたび「アタシが引退したら、マリがこのお店を継いでよ」と言ってくれていたし、わたしもそのつもりで、彼女が休みの日には店長代理としてお店を取り仕切っていました。でも、わたしの卒業が思ったよりも早く来た一方で、彼女はまだ40代の働きざかり。当分、引退することはないでしょう。わたしはそれまで待てませんでした。

独立するということは、目をかけてくれた響子さんを裏切る行為だと感じていました。わたしが新規店をオープンさせると、彼女にとっては商売敵になります。これまで広島県内で唯一だった〝女性店長〟を掲げるお店が増えるのも、面白くないでしょう。

(もうこれまでみたいに、ご飯に一緒に行ったり、電話で相談に乗ってもらったりできないんだろうな……)

それだけが、残念でした。いつまでも姉妹のように、連れ立って行動したかった。でも、夢をかなえるためには、捨てなければならないものもあるということ。たとえ響子さんと訣別《けつべつ》してでも、わたしにはやらなきゃいけないことがあると使命感を燃やすことで、別れのさみしさをウヤムヤにしようとしていました。ところが、

「いいじゃない、マリ。アンタはいつか絶対そう言い出すと思ってたよ」

これが、響子さんの最初のひと言でした。わたしが「実は、独立したいと思っています」と打ち明けると、彼女は間髪入れずにそう言ったのです。そして、

「アタシは全面的に応援するよ」

と言いながら手を差し伸べてくるではありませんか。わたしと、握手してくれるんだ。彼女の言葉にウソはないと、その瞬間にわかりました。黙ってその手を握り返しながら、わたしは、彼女ともう親しく付き合えないかもしれないと悩んだ自分を恥じました。わたしが彼女に寄せていた信頼も、彼女がわたしに抱いてくれていた親愛の情も、こんなことで揺らぐ程度のものじゃなかったのに。

「おめでとう！　マリは絶対、成功するよ」

かなわないなぁ。肩を並べようなんて、まだ早い。いつかは彼女のように、お店の女の子たち全員から慕われる女性になれるかな。経営者としてもひとりの人間としても、彼女はわたしが感じていた以上に度量の大きな女性でした。それなのに響子さんは、

「一緒に広島市のデリヘルを盛り上げていこうよ！」

って言いながら、目で語りかけてくれました。アンタはもうかわいい妹分じゃない。同志であり、戦友であり、ライバル。アンタのことをちゃんと認めてるからねという、響子さんからのメッセージを、わたしはしっかり受け止めました。

実際にわたしがお店を起ち上げるにあたって、風俗店の営業許可に関する届け出書類の

出し方から、求人情報誌に掲載してもらう方法、女の子を撮影するスタジオまで、響子さんは自分自身が何年もかけて積み上げてきたノウハウを、惜しみなく教えてくれました。

わたしが夢中になってグループを大きくしていった裏には、彼女に認めてもらいたい、スゴイねって褒めてもらいたいという気持ちもあったのです。いまではカサブランカ・グループは、「スウィートガールズ」の規模を大きく上まわっています。それでも響子さんはわたしにとって、決して越えられない存在です。彼女と出会えたわたしは、運がいい。だから失敗するなんて考えられない。尊敬する先輩に背中を押されて、わたしはデリヘル経営者としての最初の一歩を踏み出しました。

デリヘル嬢スカウト大作戦！

「スウィートガールズ」を卒業すると同時に、わたしは〝マリちゃん〟の名前も捨てました。わたしはもうデリヘル嬢じゃない。これからは〝経営者・長谷川華〟として、デリヘル界を生き抜いていくのです。

デリヘル店においてまずなくてはならないのが女の子です。どれだけ質のいいデリヘル嬢を揃えられるかが、店の売り上げを左右する――経営者1年生のわたしに、最初に出された課題がこれでした。

（どこに行けば、かわいくて働き者の女の子と出会えるんだろう？）

いちばん簡単なのは、他店から引き抜くことです。デリヘル業界ではご法度《はっと》とされていますが、実際にはよく使われる手段で、わたしも後に卑劣な引き抜きに悩まされることになります。ただ、このときはまだなんの実績もないわたしのところに、すでに各店で人気があって多額の売り上げを誇っている女の子が来てくれるとは思えませんでした。弱気になっていたわけじゃなく、自分もデリヘル嬢だったから、せっかく稼げているのにリスクを冒したくないというその気持ちがわかるだけのことでした。

さらに、わたしが求めていたのは、デリヘル未経験者でした。何も知らない女の子がこの世界に飛びこむにはよほどの事情がいるってことは誰よりも知っていたけど、初々しさと親しみやすさを追求するには、素人の女の子以外の選択肢は考えられませんでした。

翌日、わたしは、広島市でいちばんの繁華街に向かいました。デパートが立ち並び、飲食店がひしめきあう賑やかな街で女の子をスカウトするのです。ふだんはブランドものにまったく興味がないわたしだけど、このときはバッグに靴、サングラス、アクセサリー……頭のてっぺんからつま先までを、ハイブランドのアイテムで完全武装。どれもロゴが刻印されたわかりやすいもので、しかも発売されたばかりの新作でした。

（素人の女の子は、どんな人だったら話ぐらい聞いてみてもいいって思うだろう？）

と知恵をしぼった末の結論でした。見るからに安っぽいものしか身に着けていない人物は絶対にパス！　わたしの正体は話してわかってもらうしかありませんが、まずはお金を持っていることをアピールしようと作戦を練ったのでした。お金には人の心を動かして、行動を促すパワーがあることを、わたし自身が身をもって知っていたからです。

いつにない派手ないでたちで、わたしが陣取ったのは、キャッシングの無人契約機の前でした。ここにお金を借りにくるほど経済的に困ってる女の子なら、興味を示してくれるんじゃないか。かわいい女の子をスカウトするために、何日でも粘るつもりでした。

契約機がある狭いブースのドアを女の子が開けるたび、わたしは彼女たちの全身をチェックしました。特に目を光らせたのは、持ちもの。狙いはブランドもの……それも数シーズン前のアイテムを使っている子です。高価なもので自分自身を飾ろうとしている子のほうが、絶対にお金に執着するはず！　逆に、ブランドものをひとつも持っていない質素すぎる子は、貧乏から抜け出したい気持ちはあっても、ぜいたくすることまでは考えてないだろうと判断し、声をかけませんでした。

「ねえ、お金に困っとるん？」

まずはできるだけフレンドリーに声をかけます。そこで不審そうな目で見返されても、

「すぐに稼げる方法あるんだけど、話を聞いてみない？」

と、たたみかけました。すぐに喰いつく女の子はまずいないけど、わずかでも目の輝きが変わった女の子は可能性があります。

「ちょっと近くでお茶でもしようか？」

と誘うと、その3分後にはカフェのテーブルをあいだに挟んで、向こうから「どんな仕事なんですか？」と切り出してきた女の子が何人もいました。

わたしは、仕事の内容を具体的に説明しながら、細かく女の子の容姿を観察し、言葉づ

かいや立ち居振る舞いをチェックしました。派手で、押しが強すぎる子は不合格。人気があるデリヘル嬢というのは、どのお店でも意外なくらいふつうの女の子です。会社で隣の課にいそう、同窓会でひとりはいそう、彼女になってくれそう……そんなリアルな想像を駆り立てられる女の子のほうが、男性は感情移入しやすいんです。

スカウトすると、そんな女の子たちは一様に「どうしてわたしを?」という顔をしましたが、わたしは「あなたはとても魅力的よ」「お客さまも、あなたみたいな子を待ってるの」「しっかり稼がせてあげます」と熱心に口説きました。響子さんがわたしに対してそうしてくれたように、単にお金を稼げるよと誘うのではなく、彼女たちが直面している問題を訊き出し、親身になって相談に乗りました。それを信じて入店してくれたオープニングメンバーは、目が飛び出るような美人や、その道を極めたプロはいない代わりに、みんなキレイで、気だてがよい子ばかりでした。これで、ファーストステップはクリアです。

入店が決まった女の子たちには、オープンまで保証金という形で、お給料を支払います。ほかにも待機部屋を兼ねる事務所を借りたので、その敷金、礼金、家賃でお金が消えました。加えてホームページのデザイン代に、プロフィール写真を撮るときに女の子が着るコスチューム代。カメラマンへのギャラに、レンタルスタジオ代に、そうそう送迎用の車の確保……開業にこんなにお金がかかるなんて知らなかった！　志木のおじいちゃまがいなければ、わたしは夢の入り口でつまずいていたと思います。

真っ白な気分で1号店をオープン

次に考えなければならなかったのが、店の名前でした。最初に考えついたのが〝メイドでございます〟。東京・秋葉原のメイド喫茶がテレビや雑誌で話題になりはじめたころでした。お客さまの部屋で掃除や洗濯をして感激していただいたという、現役時代の思い出から考えついたものです。性的サービスだけではなく、家事までするデリヘルって新しいよね！　ほかで聞いたことがないし、お客さまも新婚生活のような甘い雰囲気を味わえるんだから、喜んでくれるに違いない。もちろんユニフォームは、メイドのコスプレ。お客さまがドアを開けた瞬間に「メイドでございます！」と挨拶すれば、完ぺきです。

我ながら、いいアイデア。自分で自分を褒めてあげたい。これはひょっとして、ううん、ひょっとしなくてもヒットしちゃうんじゃない⁉　そう思って友人やスタッフの前で意気揚々と披露したところ、彼らの反応は、

「何それ、ダサすぎ……」

と満場一致で却下。わたしのアイデアがダサいって⁉　あっけにとられるわたしの前で、彼らは「そんな名前の店で働きたくない」「Sっぽい女の子とか入店できんじゃろ」「お客さまも、みんながみんな家事をしてほしいわけじゃないけぇ」と言いたい放題です。

あー、もう。わかったわかった。みんなの言うことのほうが、正しいんでしょう。まさかの全否定にショックを受けて、〝メイドでございます〟は泣く泣くあきらめました。そんなとき、スネているわたしに声をかけてくれたのが、響子さんです。

「〝華〟って名前、すごくすてきだよね。それにちなんで、花の名前をつけたら？」

困ったときに、いつも活路を拓いてくれる響子さん。すばらしいアイデアをくれたことに感謝しながら、わたしは自分が好きな白ユリの一種を選びました。

カサブランカ――花言葉は、純潔です。デリヘルの店名に、純潔はおかしいでしょうか？

でも、わたし自身が再出発に向けて真っ白な気分でいたし、お店にはこの花が似合う清楚できれいな女の子を多く集めたいと思っていました。カサブランカ。うん、いい名前。スタッフたちにもわたしの思いが通じたのか、今度は誰も反論しませんでした。

こうして誕生した記念すべき1号店「カサブランカ」。いまではグループの中核を担う大事なお店になり、なかなか予約がとれないほど人気の看板デリヘル嬢も多数在籍しています。でも、オープン当初から順風満帆というわけではありませんでした。

4年間、デリヘル嬢として働いてきたわたしですが、「スウィートガールズ」はすでに人気店だったから、そこで指名客を増やしていくのは、それほど難しいことではありませんでした。でも新規店は、お客さまにその存在を知ってもらうことから始まります。オープンしたてで知名度が低い「カサブランカ」の電話は、一日中シーンと静かなまま。着信音が鳴るのを待って、何時間も電話とにらめっこしていた日もありました。

わたしはまず、3カ月は踏ん張ってみようと目標を定めました。3カ月後には、この電話をひっきりなしに鳴らしてみせる。それができなかったら、あきらめる……のはイヤだから、どうするかはそのときに考えよう。

待って待って待ちくたびれて、ついに電話がかかってきたかと思えば、隣の市、つまりデリバリー対象外地区のお客さま……。往復すれば2時間近くはかかる場所でしたが、移動中はギャラが発生しません。女の子はワリが合わないと渋ったけど、わたしは頭を下げて頼みこみました。ひとりずつでもお客さまを増やしたくて、必死だった。そのためには経営者が従業員に頭を下げることぐらい、ぜんぜん平気。そうして気ばかり焦って空回りを繰り返すうちに、最初の1カ月は飛ぶように過ぎていきました。

顧客情報をすべて頭にインプット

1号店がオープンしてからすでに5年が経った現在、わたしの1日は電話の応対から始まります。毎朝10時、各店の受付がスタートする時間になると、携帯電話が着信音を奏でます。「カサブランカ」と、2号店で人妻専門の「マリー・マリー」にかかってくる電話は、基本的にわたしが受けることにしています。これはオープン当初から、こだわり続けていることのひとつ。わたしは直接、お客さまの声を聞きたいんです。

常連さんは当然のこと、一度でも電話をいただいたお客さまの声をわたしはすべて記憶しています。「声でそんなに区別がつく?」と言われることもありますが、声にも個性がありますし、長らく音楽をやっていたからこそ身についた特技かもしれません。

記憶するのは声だけじゃないんです。お客さまの住所、好きなプレイ、指名する女の子、そもそもの好みのタイプ……たとえばグラマーな子が好きかスレンダーな子が好みか、元気な学生風がいいのか、しっとり落ち着いた人妻風がいいのか、それらすべてを頭にインプットしています。だから、あるお客さまとのやり取りはこんな感じです。

「佐藤さ～ん、ひさしぶりじゃねぇ。元気にしとる?」

「元気元気!　華店長も相変わらずじゃね」

「ごめんねぇ、ユリちゃんは向こう1週間ずっと予約でいっぱいなんよ」

「え～、まぁ人気嬢だから仕方ないなぁ……」

「ランちゃんはどう?　佐藤さん、絶対好みだと思うなぁ。ロングヘアのスレンダーな子で、サイズはバスト85、ウエスト58、ヒップ83。ユリちゃんと似たタイプなんだけど」

「迷うなぁ……。まあ、華店長のオススメならまちがいないじゃろ〜。お願いするワ」

いくら売れっ子の嬢でも、予約がとれない状態が長く続くとお客さまは目移りします。それが系列店ならいいけど、ほかのお店に興味を移されるのは困る！　引き止めるためには、すかさずその方の好みに合うだろう別の女の子を提案するのがいちばん。そのためにわたしは、在籍する女の子の3サイズや特徴をすべて覚えています。好みが合えばお客さまにも喜んでいただけるし、店としても顧客を逃さない。お互いがハッピーです。

「カサブランカ」と「マリー・マリー」の顧客データはすべて、わたしの頭のなかにあります。スタッフからはしょっちゅう、パソコンを使えば顧客管理がもっと徹底できるとアドバイスされます。お客さまがどのくらいの頻度で、どの女の子を指名し、何分のコースを予約するのか。どんな嗜好があって、どんなオプションプレイを好むのか……データベース化すればより完ぺきに把握できるのでしょう。いまどきこんなアナログなやり方をしてるのは、わたしぐらいです。だけど、お客さまの声を聞くなり、頭がくるくる動いてデータを引き出すことができるうちは、わたしはこの方法を続けたいのです。

「華さんが倒れたらどうするんですか？」というスタッフの心配も、もっともでしょう。2店舗の電話は昼夜なく鳴りっぱなし。ほかにも求人用の電話や、スタッフとの連絡用の電話も持ってるから、そのうちいくつかが同時に着信して、あたふたすることは日常茶飯事です。トイレで用を足しているときも、食事中も、着信音はいつでもわたしを追いかけてきます。「しんどいなぁ」と感じるときは、もちろんある。でも、電話で予約を受け付けることで、わたしは、お客さまと女の子たちをつなぐ〝かけ橋〟になれる。それを機械に委ねようとは、どうしても思えないのです。

〝過去のわたし〟を救いたい

電話でのこまめな対応が功を奏したのか、オープン3カ月を迎えるころから、「カサブランカ」への予約電話は急増しました。自分で決めた期限の目前になって、ようやくお店として利益を上げられるようになり、オープニングメンバーの女の子たちも待機部屋で笑顔を見せてくれるようになりました。指名が入った女の子を「いってらっしゃい」と送り出すとき、彼女たちの顔を見れば、この仕事にやり甲斐を感じていること、いまを楽しんでいることがわかります。コンスタントにお金が入るようになって、暮らしが上向きになっている様子が伝わってくるのも、経営者として本当にうれしいことでした。

一度、勢いに乗れば、幸運は向こうから近づいてきてくれます。このころから、面接を受けたいという連絡が頻繁に入るようになりました。それも容姿も接客態度も上々の、わたし好みの女の子たちです。広島市内にたくさんあるデリヘル店のなかから、なぜ「カサブランカ」を選んだのかと尋ねると、彼女たちの答えは同じでした。「女性店長さんのお店だから」――それを聞くたびに、わたしの胸に温かなものが広がりました。

そのなかには、いま勤めているお店で男性スタッフのセクハラに遭って悩んでいる子がいました。年齢をサバ読みしていることを負い目に感じているせいか、ほとんど指名がとれずに焦る子もいました。応募してくる女の子たちは、みんな過去のわたし自身。そのツラさがわかるだけに、いつも自然に手を差し伸べていました。

「一緒に働こう。みんなで豊かになろう」

そう声をかけると、涙を流す女の子たち。彼女たちが寄せてくれる信頼が、わたしにとってはカンフル剤です。デリヘル嬢時代のわたしを動かしていたのは、息子たちでした。母親としての使命感から仕事をしていた、と言い換えてもいいでしょう。このころでも、プライベートで最優先するのが息子たちであることは変わらなかったけれど、いったん仕事に入れば店の女の子を守るために自分は生きていると思うようになりました。

在籍する女の子たちが増え、「カサブランカ」の名が広島市内に広まり、予約の電話が途切れることなく鳴る——わたしがひとりで思い描いていた光景が、現実になりました。留まることなく成長していく「カサブランカ」は、わたしにとって3人めの我が子です。

売れっ子3人が同時に卒業!?

そんな穏やかな日々に最初の暗雲がたちこめたのは、オープンから1年も経たないころでした。ある日、3人の女の子がほぼ同じ時期に「辞めます」と言ってきたから、わたしはもう倒れる寸前！　しかも「カサブランカ」でトップ3を独占する人気嬢たちでした。売れっ子3人が同時に卒業⁉　現役時代もあわせると、わたしがデリヘル界に入って5年間、こんな異常事態は聞いたことがありませんでした。

ひとりめから連絡を受けたときはショックを受け、ふたりめからの電話があったときにはパニック状態になり、3人めが「華店長、申し訳ないんですけど……」と切り出してきたときに初めて、「何かおかしい」と感づきました。これにはきっと裏がある！

売れっ子が辞めると、店の利益はガタ落ちです。しかも3人となると1カ月で数百万のダウンになります。経営上の痛手もさることながら、気持ちのうえでも大きなダメージを受けました。3人はわたしが無人契約機の前で声をかけ、人気嬢まで育てあげた子たち。それだけわたし個人としての思い入れも強かったから、考え直すよう説得したかった。

でも、彼女たちには彼女たちの事情があります。「この業界から卒業する」と言われれば、引き止めるのは無理。笑顔で見送ってあげなければいけません。わたしは自分のおせっかいな性格を封印し、あえて理由を追及せずに、彼女たちを送り出しました。

「元気でね、身体にだけは気をつけるんよ」

けれど後になって、わたしはこのときの自分を叱り飛ばしたくなるのです。「もっとちゃんと耳を傾けなさい！　あの子たちはアンタに真相を聞きたかっただけなのに」と。

それから1カ月後、デリヘルを引退したはずの3人が、広島市内の「W」というデリヘル店で、同時に再デビューしていました。意外な展開だとは感じませんでした。むしろ、「あ、やっぱり」と思いました。でも……どこか腑に落ちないものもありました。

デリヘル業界において、女の子の移籍はよくあることです。誰だって金銭的にも環境的にも、よりよい条件の店で働きたいものだし、わたし自身も「キャンディリップス」に不満があったから、「スウィートガールズ」に移りました。そうとわかっているからこそ、「カサブランカ」の女の子が他店に移籍するたびに、わたしはいまでも落胆します。

（何が悪かったんだろう？　何に不満を持っていたんだろう？　こうしているあいだにも「ここは働きにくいから、ほかに移りたい」と思っている女の子がいるのかも……）

でも、ひとつのお店で3人同時に再デビューだなんて、単なる偶然のはずがない！　悶々と悩んでいるわたしの耳に、やがてあるウワサが届きました。この業界は、とても狭い。悪いことをしても、隠しきれない仕組みになっています。「W」が仕掛けたのは〝引き抜き〟

でした。しかもそのやり口が巧妙だった。3人が辞めてしばらくしてから、やはり「カサブランカ」を卒業したスズナちゃんという女の子がいました。4カ月ほどしか在籍していなかったから、わたしの印象にはそれほど残っていなかったけど、実は彼女こそ、Wが送りこんできた〝刺客《しかく》〟だったのです。

悪質な嫌がらせに負けるもんか

スズナちゃんは入店早々3人に近づき、ごく自然に親しくなっていったそうです。待機部屋でファッション誌をめくりながらおしゃべりしたり、仕事が終わった後に連れ立ってご飯に行ったり……ごくごくふつうの、女の子同士の付き合いです。そして、お互いの家を行き来するほどの〝友だち〟になったころを見計らって、スズナちゃんは彼女たちひとりひとりに対して、

「あのね、話しにくいんじゃけど……」

と打ち明けました。その表情はとても苦しそうで、「こんなことを話すのは自分にとって堪えがたいことだ」と言わんばかりだったそうです。

「華店長、裏ではアンタのことこんなふうに悪く言っとるんよ」

あの子は生まれつきの淫乱で、それは母親からの遺伝なのよ。隠れて客とヤリまくって、お金をふんだくってるにちがいない。あんなことしてるからには、きっと悪い病気をいくつも持ってるはず——人づてに聞かされたわたしまでが、耳を塞《ふさ》ぎたくなるような中傷の数々。最初は「まさか」と聞き流していた3人も、毎日のように吹きこまれるうちに、

(華店長って表向きはやさしく接してくれるけど、本当はヒドイ人で、わたしのことをお金を稼ぐための道具くらいにしか考えていないんだ)

と疑心暗鬼に陥っていきました。もうスズナちゃんの思うつぼです。このタイミングで、

「実はわたしの知り合いがデリヘル店を経営してるんだけど、そっちに移ってみん？　ここよりお金はいいし、店長もめっちゃいい人だよ！」

と持ちかければ、心が動くのは当然です。なんて卑怯な作戦でしょう。

生き馬の目を抜くデリヘル業界。たくさんのお客さまを持っていて、多額の売り上げを

立てられるデリヘル嬢は、どこのお店でものどから手が出るほど欲しい。だから、引き抜きは多くの店がやっています。でも、女の子同士の友情を利用し、3カ月という時間をかけてまで、看板嬢3人を引き抜くとなると、話は別です。そこには、「カサブランカ」に対する、いえ、わたしに対する明らかな悪意を感じました。目的は、急成長する「カサブランカ」の営業妨害。彼女たちは、そのための手段でしかなかったということです。

でもこの段階では、わたしの怒りはWではなく、自分自身に向かっていました。

(辞めるときにもっとあの子たちの話を聞いてあげていれば……。お互いの誤解も解けたかもしれないのに)

「カサブランカ」の女の子たちは、みんな愛おしい。大切にしているつもりだった。でも、足りなかったんじゃないか。現にあの3人は、わたしの言葉ではなく、デタラメなウソのほうを信じて出ていった……。自責の念にとらわれて、いま在籍している女の子たちとも向き合えなくなってしまいました。それこそが「W」の狙いだったかもしれないのに。

そんな折、またも悪いウワサが聞こえてきました。「カサブランカ」を辞めた3人は、「W」に移籍したはいいけど、ギャラも条件も聞いていたものとはまったく異なり、仕事をほとんど回してもらえなくなったそう。いわゆる〝干される〟という状態です。

追いつめられて初めて、彼女たちは「華さんがあんなこと言うわけない」と気づいてくれました。それは、わたしにとっても救いだったけど、そのうちのひとりが罪悪感から心に病を持ち、ずっと実家で療養していると聞かされれば、うれしくもなんともありませんでした。売れっ子になるようなデリヘル嬢は、心も身体も健やかで強い子がほとんどです。彼女もそんな健全な魅力にあふれた子だったのに、ウツを患《わずら》うなんて……。

この悔しさが、わたしの闘志に火をつけました。当時の「W」は広島県のみならず、中国地方で複数の店舗を展開している大手チェーン。いまの「カサブランカ」では太刀打《たちう》ちできそうにないけど、それでもわたしは宣言せずにはいられなかった。

「絶対あのお店より大きくなって、ヤツらを潰してやる！」

彼女たちみたいな女の子を二度と出してはならない。そのためには、もっともっと女の子の声に耳を傾けると同時に、「カサブランカ」の規模を大きくする必要があると感じました。ほかのデリヘル店に妨害されないほどの存在になれば、女の子たちを守ってあげられるはずです。新たな目標が見えてきました。

「カサブランカを、広島でナンバーワンのデリヘル店にする！」

わたしは常に夢を追いかけてきました。オーケストラのコントラバス奏者になる、パンクバンドでメジャーデビューする、直純と幸せな家庭を築く……。結果だけ見ると、どれも志半ばで果たせなかったけど。でも、この目標だけは絶対に達成してみせる！　そう遠くない将来に必ず、現実になるという自信がありました。だって、その目標はわたし自身のためじゃなく、「カサブランカ」で働く女の子たちのためのものだったから。

性病におびえる女の子のために

この一件を機に、わたしはますますガムシャラに働くようになり、それに比例して「カサブランカ」の成長はますます加速しました。電話が鳴り、予約を受け、女の子を手配し、そのあいまを縫って新人の面接を行う——毎日が目まぐるしく過ぎていきました。Wから戻ってきたふたり（ウツになった子はそのまま引退しました……）を筆頭に、女の子たちも一丸となって店を盛り立ててくれました。

そんな折、面接をしたなかに「お金は稼ぎたい、でも性病が怖い」と悩む女の子がいました。デリヘルを始めようとするとき誰もが悩む問題です。特に結婚している女の子や、彼氏に内緒で働こうとしている子は、病気をきっかけにバレることを恐れています。

わたしは「大丈夫ですよ」という気休めは言いません。実際にリスクはゼロではないから。ただし、自分で自分を守るという意識があれば、大事にはいたりません。わたしも現役時代は、定期的に病院で検査してもらっていました。それでも心配する女の子には、「マッサージでお客さまの全身の疲れをとってあげて、さらに手で射精まで導いてあげる〝性感マッサージ〟のお店もありますよ。それだと性病にかかることはまずないから、そういうお店を探してみたらどうですか?」

と勧めることにしています。このときの彼女も、こんなふうに順を追って説明することで納得してくれたようでした。

その数日後、「カサブランカ」の事務所の電話が鳴りました。取り次いでくれたスタッフによると、市内にある性感マッサージ店の店長からでしたが、わたしはその人物と面識がありません。首をかしげながら、受話器を耳にあてました。

「はじめまして、カサブランカの長谷《はせ》……」

「アンタどういうつもりだよ⁉」

挨拶も終わらないうちに、怒鳴り声が耳に飛びこんできました。

「そっちで使いモンにならんかった女を、ワシんとこにまわすたぁ、どういう根性しとんじゃあ？」

広島弁は、ときにものすごく威圧的に聞こえます。広島市生まれ広島市育ちのわたしでさえ、このときは心臓が縮みあがりました。けれど、電話の相手が怒っているのは身に覚えのないことです。おびえるばかりではダメ、事情を説明してもらわなければなりません。

怒り狂う相手をなんとかなだめながら訊き出してみると、先日「性病が怖い」と悩んでいた女の子が、彼の店の面接を受け、その席で「カサブランカで落とされて、店長から〝性感マッサージでもやれば〟と言われたのでここに応募しました」と話したそうです。

こんな言い方をすれば、先方が怒るのは当たり前。わたしの説明不足だったのは認めざるを得ないし、誤解を招いたのは悪いけど、事情も訊かず頭ごなしに怒りを爆発させるオヤジの態度もどうかと思う！　反発する気持ちがむくむくとふくらみました。

（このオヤジを黙らせてやりたい！　こんな悔しい思いを今後しないためには、わたし、どうすればいい？）

答えはひとつです。とりあえず電話の相手には丁重に詫び、受話器を置いてすぐ、わたしはその場にいたスタッフに向けて言い放ちました。

「ウチもマッサージの店作るよ！」

性病を不安に思う女の子の受け入れ先を自分たちで持っていれば、こんなトラブルは起きなかった。また、性病が怖いけれど実は働き者、という貴重な人材を他店に奪われずに済みます。スタッフからは「マッサージは技術習得のための研修が必要だから、大変ですよ」と止められました。ウチのスタッフって、ほんといつも冷静で良識的。でも、そんなことでわたしの決意は変わりません。

「じゃあ、まずわたしがマッサージを覚えてくるから！」

と言い切って、さっそく次の週からマッサージの専門スクールに通いはじめました。ただでさえ忙しいのに、そのうえスクールなんて……。スタッフたちは、わたしがいつギブアップするのか賭《か》けをしていたらしいけど、わたしは半年間一度も休まず通い詰め、見事、資格を取得しました。ここまでしてやっと、スタッフたちも納得。その翌月には、性感マッサージの1号店「天国にいちばん近い島」をオープンさせました。

こうして振り返ると、カサブランカ・グループが拡大したいちばんの勝因は、わたしの負けず嫌いだったことが、よくわかります。トラブルが起こるたびに悔しくて地団駄《じだんだ》を踏み、でもその悔しさをバネにわたしは強くなりました。それに加えて、無茶をしても支えてくれるスタッフと、わたしの期待に応えてくれる女の子たちがいたおかげです。

「W」はもう何年も前に潰れてるし、わたしを怒鳴りつけたあのオヤジも、もう広島市にはいないと聞きました。その一方でカサブランカ・グループは、広島市内で「カサブランカ」「マリー・マリー」をはじめとするデリヘル店が6つ、性感マッサージをするエステ店が2つ。他県にも5店を出店する巨大グループに成長しました。

第8章

ドアの向こうで待っていたのは…
〜デリヘル珍事件集〜

現役時代、「デリヘルはあなたにとって天職ね」と言われたのが素直にうれしかった。わたしはこの仕事を愛しているし、お客さまに幸せを届けられたんだと実感するときが、いちばん幸せでした。現在カサブランカ・グループで働いている女の子たちにもそう思ってほしいし、そんな人間的なお付き合いができるお客さまのもとへ、安全に送り届けたいと思っています。それでも、なかには女の子たちにとって危険な男性もいます。自分の欲望だけを優先して、女の子をモノとしか見ない男性。事件が起きてからでは遅いのです。女の子を守り、安心して働いてもらうのも、わたしたちの大事な仕事です。

密室で、裸になってひとときを過ごすからには、その人間性の表側も裏側もあらわになります。男と女は不思議なもの。ときには驚くようなドラマが生まれることも……。

緊急事態には男性スタッフが出動

「男性の自宅に行くのは怖いので、ホテル専門にさせてください」

面接で、こうリクエストする女の子がいます。自宅は１００％相手のテリトリーだから怖い、それよりもホテルのほうが安心、という理屈ですが、少しでも経験を積んだデリヘル嬢であれば知っています。実は自宅のほうが、よっぽど安全だと。自宅にデリバリーしてもらうには、住所や電話番号などの個人情報をすべて店に対して公開しなきゃならないし、偽名も通用しません。それとは逆にホテルを利用するお客さまのなかには、個人情報を公開するのを嫌がる人も含まれています。風俗店に情報を知られて悪用されたら大変だと警戒している（悪用だなんて、まったくのお門違い！）ならまだしも、何かの事件に発展したときに足がつきにくいと考えている人だって、いないとはかぎらないのです。

日本全国、いえ広島市だけでもそんな事件が皆無ではないのですから、慎重にならざるを得ません。また、出張中にデリヘルを利用する人もいますが、二度と会うことがないと思っているからか、嬢に対して乱暴な行為に出るというトラブルも実際に起きています。

ここからは、男性スタッフの出番です。女の子はトイレに立つふりをしたり、男性の目を盗んだりして、携帯電話でヘルプコールをしてきます。男性に聞かれて逆ギレされたら、たまったものではないからです。以前にもこんなことがありました。

事務所でスタッフが「はい、カサブランカです」と電話を取ったはいいけど、受話器の向こうから聞こえてくるのは雑音ばかり。でも、よく耳を凝らすと、そのなかから女の子の声が途切れ途切れに聞こえてきたのです。「……めてください……」「本番は……ません。お金なんていらな……」「……痛ッ。ちょっ……きな声出しますよ！」――男性が女の子に、性行為を強要しようとしている⁉

これは一大事です。デリヘルで本番のセックスは禁止だし、女の子が拒否しているのに力づくで挿入しようとしたら、それは完全にレイプ、卑劣な犯罪です。一刻を争うと考えたスタッフは、デリバリー先の自宅近くで待機している送迎車のドライバーに電話。部屋に乗りこませ、女の子が傷つけられるのを未然に防いでくれました。

隠し撮りをしたカメラを没収

カメラを目立たないところに設置して、隠し撮りをするというのも、近ごろのデリヘル界ではよく聞く話です。あくまでも個人的に楽しむためのものと言い張る男性は多いようですが、本当のところはどうなのかはわかりません。ネットへの動画投稿が誰にでも手軽にできるようになった昨今、ひと昔前より注意すべきことが増えています。

カサブランカ・グループでも、女の子が隠しカメラを見つけたことがあります。気が強い子だったので、男性スタッフが駆けつけたとき、彼女はすでに男性の手からデジカメを奪い取っていました。驚いたことにその男性は後日、事務所に電話をしてきて、デジカメを返せと要求してきたのです。なんという恥知らず……。わたしはこう返しました。

「わかりました。お返ししますので、●●警察署まで来てください」

「はぁ⁉　なんでや。黙って返せばいいだけの話じゃろ」

「盗撮の現行犯を目撃したので、その証拠としてカメラを警察に提出します。カメラはあなたが警察から返してもらってください」

「おい、俺を脅すんかい⁉」

「脅しているわけではありません。こちらは何もまちがったことをしていないので、正規の手段にのっとってカメラをお返ししようとしているだけです」

受話器を悔しまぎれに叩き付けたようで、わたしの耳にはガチャッと不快な音が残ったけど、この男性からふたたび電話がかかってくることはありませんでした。

こうした質《たち》の悪いお客さまは、ほんのひと握りですが、店にはトラブルから女の子たちを守るという使命があります。「カサブランカ」を開業してからの5年間で、実際に男性スタッフが出動したケースは片手に足りるほどしかないけど、万が一何かがあったときに傷つくのは、ウチのかわいい女の子たち。危険な男性のもとに送りこむようなことは、全力で防ぎたいと思っています。

わたしの場合、トラブルを起こす男性は声でわかります。予約受付をしていると、どうしても嫌悪感を刺激される声と出会うことがあります。横柄な物言いや、投げやりな口調。声や話し方には、人間性が表れます。デリヘルの女は性欲処理のための道具——そんな考えがにじみ出ているのを、わたしは聞き逃しません。デリバリーした女の子が気に入らなかったから「あれ、不良品じゃろ。もっとマシなん寄越せや」と言ってきた男性がいました。わたしも女の子たちも、人格がある人間です。こんな話し方をする男性に、ウチの大事な女の子たちを引き合わせるわけにはいきません。悪い予感が消せない場合は、

「あいにく当店には、ご期待に添えるようなデリヘル嬢はいないようですね」

とお断りします。彼らはもう二度とカサブランカ・グループに電話してこないでしょう。顧客を増やす大事なチャンスを逃したのかもしれないけど、わたしは惜しいとは思わない。それよりも女の子の心身を傷つけられるほうが、よほど大きな損害です。女の子たちはわたしが、そしてお店が守ってあげないといけない弱い存在なのです。

お客さまが知り合いだったら、どうしよう

女の子が心配するもののひとつに「この仕事をしていることが、知人に知られたら……」というものがあります。夫や彼氏、家族に内緒でデリヘルの仕事をしている女の子はとても多く、たいていは別の職業に就いているとウソをついています。学生なら「居酒屋でバイト」、ＯＬさんなら「夜だけ友だちの飲み屋を手伝ってるの」、主婦なら「化粧品のセールスをしてるだけよ」――女の子それぞれが自分に合ったウソを用意しているけど、

困るのは身内が連絡を取らなければならないような、緊急事態が発生したときです。

事故や急病、身内の不幸……そんなことが起きれば、家族はまず携帯電話に連絡するでしょう。けれどお客さまのもとにデリバリーされている女の子が、接客を中断して電話の応対をするのはほぼ不可能です。そうすると焦った家族は、会社に直接電話します。そんなケースに備えて、カサブランカ・グループでは、アリバイ用の電話回線を用意しています。「居酒屋〝魚若〟です」「広島ビューティーセンターです」とスタッフが応対するため、家族にそこがデリヘル店だとバレることは絶対にありません。女の子に安心して働いてもらうための環境作りは、デリヘル店経営に欠かせないことなのです。

広島市は中国・四国地方で人口第一位だといいますが、それでも狭い街です。ちょっと買い物に出ただけでも知人と出くわしたり、姿を見かけたりということがよくあります。そのため、女の子にとって身近な男性がデリヘルを利用すれば、デリヘル嬢とお客さまとして出くわすという、笑えない事件が起きる可能性もないとは言えません。

それを避けるため、入店した女の子にまず〝NGナンバー〟を訊きます。夫、彼氏、父親、兄弟、職場の上司や同僚、親しい男友だち……デリヘル嬢として絶対に会ってはならない男性たちの携帯電話番号です。ＮＧナンバーからかかってきた場合は、それ以外の女の子をデリバリーする仕組みを徹底させています。これで心配はナシ。女の子も「お客さまが、知っている人じゃありませんように」とビクビクすることなく、デリバリー先に向かえます。

でも、世の中に〝絶対〟はないんですね。発端は、わたしが受けた1本の予約電話でした。広島市内在住のその男性は、それまでも何度か「カサブランカ」をご利用いただいていましたが、妻帯者なのでビジネスホテルに部屋をとって女の子を呼ぶのが、いつものパターンでした。その日も彼はチェックインしてから、ホテルの電話を使って予約を入れられました。個人情報を知られたくないと思ってるお客さまが、よく使う手段です。

特に指名はないけど、好みは彼と同じ30代前半の、人妻っぽい女の子。わたしは、そのイメージにぴったりのアカネちゃんという女の子を選び、デリバリーしました。実際に人妻さんだったし、長期間「カサブランカ」に在籍してくれているベテラン嬢。聞き上手で人気を集めていることもあり、お客さまを安心して任せられると考えたからです。

ドアの向こうで待っていたのは……

アカネちゃんは、指定された部屋のチャイムを押しました。初めてのお客さまと会うのは、ベテランでも緊張するもの。気に入ってもらえるかなという期待感と、気難しいお客さまだったらどうしようという不安とが交互に胸をよぎります。前者でありますようにと祈りながら待つ彼女の前で、ドアが開き、そして目の前に現れたのは……、

「あ、あなた⁉」

「お前、なんでここに……？」

アカネちゃんが受けた衝撃は、目を疑うとか息を呑むとか、そんなありきたりの言葉で表現できるようなものではなかったでしょう。そして、それは相手の男性も同じこと。ふたりは、正真正銘の夫婦だったのです。

妻に内緒で会社をサボり、真っ昼間からデリヘル嬢を呼ぶ夫。その夫に隠れてデリヘル嬢となっていた妻……まさか、そのふたりが鉢会わせるなんて！　アカネちゃん本人から報告を受けたわたしは、夫婦それぞれが受けた衝撃を想像し、ブルッと身震いしました。

その後、アカネちゃんはデリヘル嬢を卒業しました。生活のために始めた仕事。夫がパチンコや競馬、さらに風俗遊びで散財し、家計が苦しくなったのが、そもそもの原因だったというのに、彼は自分の金遣いの荒さは棚に上げ、暮らしの足しにしたかったというアカネちゃんの言い分に耳を貸そうともせず、ただ一方的に妻をなじったそうです。

アカネちゃんは最後に、「華さんにもスタッフのみなさんにも、迷惑をかけちゃってすみませんでした」と頭を深々と下げました。彼女はそれほど礼儀正しく、周囲を思いやれる女の子だったんです。わたしは、

「いままでよくがんばったね。ごくろうさま」

と声をかけて彼女を見送りました。本当なら彼女の夫がいうべき言葉だと思いながら。

それから半年も経たないうちに、ふたりは離婚したと聞きました。わたしは、救ってあげられなかった自分を不甲斐なく思う一方で、家庭を守ろうとした妻の気持ちを汲み取りもしない男のことを大いに恨みました。アカネちゃん、ちゃんと生活できてるかな。もう一度カサブランカに戻ってきてくれてもいいのに。でも、離婚の原因となったデリヘルに復帰するのはイヤかなぁ。ひとりで勝手に心配しているわたしです。

これほど不幸な事件は一度きりでしたが、大学や専門学校に通いながらアルバイト感覚で働いているデリヘル嬢たちが、デリバリーされた先で、中学時代や高校時代の恩師と再会するケースは、数えきれないほどあります。聖職と言われていたのは、ずっと昔のこと。教師がデリヘルを利用すること自体は悪いことではないし、驚きもしないけど、お互いに気まずい空気のなか、彼らがお説教を始めるという話には、開いた口が塞がりません。

「お前がこんなことをしているなんて、先生は情けない」「ご両親が悲しむぞ」「将来に傷がついたら、どうするんだ」――自分だって、ズボンの前をふくらませて、デリヘル嬢の到着を待っていたくせに！　部屋にふたりきりでいるかぎりは、デリヘル嬢とお客さまであり、男と女です。なのに、それがかつての教え子だとわかったとたんに、先生の顔を取り戻して説教を始めるとは……。あー、ばかばかしい。それでいながら、サービスはきっちり受けるっていうんだから、なんの説得力もありはしないのです。

ここだけの話、教職に就いているお客さまは、19歳から、せいぜい22、23歳ぐらいまでの年若いデリヘル嬢をリクエストする傾向にあります。みんながみんなじゃないけど、そういう人が多いのは確かです。成熟した女性の色香より、幼さのほうがお好みの様子。19

歳以上のデリヘル嬢は違法な存在ではないので、彼らは法を犯してるわけじゃないし、男性としての自然な欲求を発散しているだけなんだけど……息子とはいえ、学校に通う年代の子どもを持つ母親としては、考えさせられるものがあります。

どこで出会っても運命は運命！

ハプニングばかりを並べてしまったけど、もともとデリヘルというのは、お客さまにひとときの幸せを届けるお仕事。ハッピーな出会いもたくさんあります。

カサブランカ・グループがモットーとして掲げる〝まごころ接客〟。売れっ子の女の子たちは特に口をすっぱくして教えなくても、これを自然に実践してくれています。ありったけのまごころを届ければ、お客さまも、まごころで応えてくれます。その結果、ふたりのあいだに本物の恋が芽生えたなら、それは運命と呼んでいいでしょう。

恋に落ちたお客さまとデリヘル嬢は、そのうちお店を通さずに、ふたりきりで会うようになります。これはデリヘル業界ではルール違反。お店にお金が落ちなくなるからです。だから、女の子たちは隠そうとします。でも、恋をすればキレイになるし、出勤日数が減るから、一目瞭然。そこで見破れなくても、ウワサは必ず耳に入ってきます。

やがて女の子は卒業していきます。少なくともこのときには、ウソをつかずに「お客さまを好きになりました。ふたりで幸せになります」と言って卒業してほしい。心から祝福したいし、もし彼女が恋に盲目になっているだけで不幸になる可能性があるのなら、この時点で止めてあげたいから。お客さまの甘い言葉に誘われて卒業した女の子のなかには、しばらくしてから「華さん、戻ってもいい？」と言い出す子が少なくないのです。

お客さまと恋愛関係になって出勤日数が減れば、女の子の収入は減ります。「俺が面倒みてやるから」と最初は会うたびにお小遣いをくれた男性も、そのうち何もくれなくなります。彼女にとって彼は恋人でも、男性にとって彼女は〝タダで最後までできるデリヘル嬢〟。それに気づいてさっさと別れることができたなら、まだ不幸中の幸いなのかもしれませんが、ウソをついて辞めていった子を、わたしは店に戻さないと決めています。だからこそ、恋の始まりの段階でわたしに正直に打ち明け、相談してほしいのです。

起ち上げて5年、カサブランカ・グループでは、お客さまとデリヘル嬢のカップルが4組もゴールインしました。これは、驚異的な数字です。出会いはなんであれ、ふたりの思いが通じた結果のハピネスです。

そのなかでアザミちゃんという女の子がいました。美人というわけでもないのに、出勤日が決まるとすぐに、彼女のスケジュール帳は予約で埋まりました。というのも、Gカップという超巨乳ちゃんだったのです。胸のうえに小玉スイカがふたつ並んでいるような迫力のオッパイと、よく笑う陽気な性格で多くのファンを獲得しましたが、やがていちばんの常連である松林さんというお客さまと付き合うようになりました。

最初は「いいお客さまだけど、好みではない」と相手にしていなかったアザミちゃんだったけど、彼の情熱にほだされたのでしょう。いざ交際が始まってみれば、周囲もうらやむほどのラブラブぶり。貧弱な身体つきで地味な印象の松林さんと、ダイナマイトバディのアザミちゃんの組み合わせが、かえってほほえましく見えました。その後、ふたりは結婚することになり、アザミちゃんは「カサブランカ」を笑顔で卒業していきました。

巨乳好きはやめられない

アザミちゃんの卒業を機に、「カサブランカ」の主流はスレンダーな女の子になりました。売り上げの上位は、みんな華奢な身体つきの嬢たち。男性誌のグラビアで、南明奈ちゃんがブレイクしたころのことでした。そうなると元気がなくなるのは、巨乳好きのお客さま。彼らの足がすっかり遠のいて、スタッフ一同、頭を悩ませていました。

半年後、救世主が現れました。アザミちゃんと同じGカップの持ち主、ダリアちゃんです。豊満な身体のラインといい、いつも笑っているように見える顔立ちといい、アザミちゃんを彷彿とさせるルックスに、入店早々から予約が殺到！　巨乳ファンが、戻ってきてくれたのです。スタッフもダリアちゃんも、うれしい悲鳴をあげました。そのなかに、

「あの〜、ホームページでダリアちゃんって子を見たんだけど」

と、やけにおずおずとした口調の電話がありました。ん？　この声は……。わたしの頭にあるデータベースが作動しました。公衆電話から、しかもご丁寧に声音を変えてかけてきても、わたしの耳はごまかせません。どこからどう聞いても、松林さんの声です。

実はダリアちゃんが入店したとき、わたしも彼のことを思い出していました。無類の巨乳好きで、根っからのオッパイ星人。もし彼がいまも独身だったら熱心なファンになってくれていただろうなぁ、と懐かしんでいたのです。

松林さん、憧れの嬢を妻にしてなお、かつて愛用していたデリヘル店のホームページをチェックしていたんだなぁ。そこで自分の妻のそれに勝るとも劣らない、理想的な巨乳を見つけて、いてもたってもいられなくなり電話してきた――そんな男の性《さが》が、情けないというか、かわいらしいというか。でも、アザミちゃんを裏切る行為はナシです。わたしは「カサブランカ」の経営者であると同時に、アザミちゃんの友人。巨乳好きの浮気心には、キツイおしおきが必要です。声の正体にまったく気づいていないふりをして、

「申し訳ありませ～ん！　ダリアちゃんはこの先２週間ほど予約でいっぱいなんですよ」

とお詫びし、その先の出勤日はまだ決まっていないと説明すると、

「そうですか、またかけます」

松林さんはため息をひとつ残して、電話を切りました。落胆したようにも、ホッとしたようにも聞こえました。その声の余韻が耳に残っているうちに、わたしは携帯電話のアド

レス帳からアザミちゃんの電話番号を検索し、通話ボタンを押しました。

「あ、華さん、おひさしぶりでーす！」

聞こえてきた彼女の声は、現役のころとまったく変わっていませんでした。愛されてい
い奥さまになっているんだろうな。その笑顔までが見えるようでした。幸せな結婚生活に
水を差すのは気が引けたけど……いえ、彼女の幸せを思えばこそ、言ってあげないと。

「ダンナから、予約の電話あったよ」

「はぁ？」

「松林さん、カサブランカに電話してきた。名乗らなかったけど、わたしにはわかった」

いきなりの〝タレこみ〟に、最初は事態が飲みこめていない様子でしたが、

「あぁ、わかりましたよ」

とすぐに合点がいった様子。誰も聞いていないのに、アザミちゃんは急に声をひそめて、

「ダリアちゃんっていう新しい子でしょ。ウチもホームページ見ましたもん」

アザミちゃんは卒業後も店のことを気にかけてくれていて、公式ホームページを見たり、
かつての仕事仲間である現役デリヘル嬢のブログを読んだり……そんななか、彼女は自分

とまったく同じサイズのオッパイを持つ新人デリヘル嬢を発見したと言うのです。

「Gカップでしょ。ウチのダンナが放っておくわけないと思ったけど、やっぱりね」

そう言って、ケラケラ笑うアザミちゃん。なーんだ、心配する必要なかったな。ダンナが少しぐらいよそ見をしても、平気平気。自分は妻だし、あの人は結局アタシにベタ惚れなんだから、という自信と余裕が感じられました。巨乳を見ると目の色を変える松林さんには困ったものだけど、この夫婦はなんの問題もなさそうです。アザミちゃんが手綱《たづな》を握りながら、末永く仲良くやっていくことでしょう。

それでも、わたしが予約を受けなかったことにアザミちゃんは感謝し、

「懲りずにダリアちゃんを指名しようとするかもしれんけど、華さん、ハネつけてやってくださいね！」

と念を押して電話を切りました。

これから先も、いろんなハプニングが待っているでしょう。なかには、誰かが傷ついたり、泣いたりすることもあるかもしれない。でも、わたしと女の子たちが心で結ばれてい

れば、きっと大丈夫。わたしは現役デリヘル嬢のころよりも、ずっとたくましくなったし、女の子たちにもっと頼られたいから、いまよりさらに強くなりたい。そうすることで、きっと不幸なトラブルのほうから、逃げていくんじゃないかな。根拠のない自信だって笑われるかもしれないけど、そんな気がしてならないのです。

第9章

わたしは彼女たちの姉です
〜困ったちゃんなデリヘル嬢たち〜

デリヘルを経営するうえで最も難しいのは、女の子たちと良好な関係を築くことです。下は19歳から上は40代半ばまでの彼女たちと、いつでも真剣勝負。わたし自身も現役時代は大いに悩んだし、「もう辞めようかな」と気持ちがくじけそうになるときもありました。だから、中途半端に付き合えないのです。反発されることも振り回されることもあるけど、ビジネスライクになれないのは、わたしの性分なのでしょう。

「もっと話を聞いて、かまって」「アタシを見て」。女の子はわたしに多くを求めます。一方で、わたしが彼女たちに求めるのは「たかがデリヘルなんて思わないで」ということだけ。どんな仕事でも必ず学ぶところはあります。そしてその経験を元に、いつかはふつうの仕事をしてほしい。デリヘルを一生の仕事にするのは、わたしだけでいいんです。

常識のある子がいちばん売れる

毎日いろんな業務がわたしを待っていますが、なかでもわたしが力を入れているのは、女の子の面接です。会った瞬間に若くてかわいい子だってわかると、一瞬、心が浮き立ちますが、それだけじゃダメ。容姿以外にも売れる要素を見つけなければいけません。お店にお金を落としてほしいという気持ちも当然あるけど、どうせなら女の子たちもしっかり稼いで、幸せになってほしいからです。いろんな角度からチェックを入れますが、〝常識があるか否《いな》か〟が最大のポイントです。

面接は、カサブランカ・グループの事務所か、女の子が指定するファミリーレストランやファストフード店のどちらかで行います。わたしはそこに、必ず5分ほど遅刻していくことにしています。ここが第一のチェックポイント！　遅れてきたわたしの姿を見つけて、立ち上がって会釈をできるかどうかを見たいんです。

〝女性が経営するお店〟をアピールするため、わたしは求人情報誌に顔写真を掲載しています。だから、面接を受ける子はわたしの外見は知っているはずだし、その人が現れたら挨拶するのがふつうでしょう。ぼんやりドリンクを飲んでいる子はマイナス1ポイント。タバコを吹かしながら待っている子なら、その場でUターンです。「面接つったって、たかが風俗じゃん」――心の底ではそう思っていることが、ありありと見えるからです。

ここをクリアできた女の子には、具体的に仕事の内容を説明し、彼女自身のプロフィールや希望を訊いていきます。そのときの言葉づかいが、第2のチェックポイントです。ちゃんと敬語を使えるか……少なくとも、使おうと努力しているか。「〜ッスか？」のように乱暴ではすっぱな言い方をする子はダメ。すでに別のお店でデリヘル嬢を経験してきた子にありがちなのが、次のような質問です。

「ここの店って、どんな客が多いんッスか？」

はい、これで不合格。その子が仕事に対してどんな態度で臨んでいるのかが、この言葉に集約されているからです。男性がお金を払ってくださるからこそ成り立っている仕事なのに、どうして〝客〟だなんて言えるの？　正解は〝お客さま〟です。

こうした女の子を採用することはまずないけど、たとえ採用したところで、長続きしないのは目に見えています。カサブランカ・グループのモットーである〝まごころ接客〟が身につかないからです。最初に勤めた「キャンディリップス」でわたしは、「ヌイてくればいいから」と言われて、お客さまのもとに送り出されました。同じように教育しているお店で勤務した経験がある子は、60分のコースをいただいていても、40分でお客さまが射精すれば、その時点でサービス終了。勝手に部屋を出てきてしまいます。「ヌイたから、文句はないでしょ」というのが、彼女たちの言い分。お客さまがお金を払っているのは、性的サービスに対してだけでなく、〝女の子とふたりで過ごす甘い時間〟に対してでもあることを、まったく理解していないのです。

好きな人といるときに、セックスが終わったからといってさっさと帰る女の子はいるでしょうか？　会える時間に限りがあるならなおさら、ぎりぎりの時間までふたりきりで過ごしたいと思うはず。「まだ帰りたくない」「会えないあいだ、さみしいよ」と、ふつうのカップルが交わすような言葉をささやきあうことで、部屋にひとり残されるお客さまに切なさを残します。「またあの子に会いたい。甘い時間を過ごしたい……あぁ、待ち切れない！」と想いを募らせたお客さまが、カサブランカ・グループに電話をかけ、ふたたびその女の子を指名する。こうしてリピートしていただくことこそ、デリヘルという仕事の醍醐味。ヌイた後にさっさと部屋を出る女の子は、こんなふうにお客さまに愛される喜びも、リピートが増えて着々と売れっ子になっていく実感も、絶対に味わえません。

人の目を見て話せない女の子たち

援助交際経験者もやっかいです。プロ意識がカケラもないから、本当に扱いが難しい。援助交際は撲滅されるべき違法行為ですが、年若い女の子たちに「お金を稼ぐってチョロいよね」という考えを植えつけるという意味でも、すごく罪深いと思います。

相手を心身ともに気持ちよくするためのテクニックも身につけず、なんの気遣いもせず、ただ脚を開いて3万円——こんなことを続けていたら、お金に対する価値観も、仕事に対する意識もゆがむに決まっています。それなのに本人たちは「自分が若くて魅力的だから稼げる」と思っているのだから、救いようがありません。性的サービスは、彼女たちが思っているよりはるかにデリケートな仕事。こんな女の子たちが〝まごころ接客〟を実践できるはずもなく、たいていはデリヘルという仕事の喜びを知る前に辞めていきます。

さらに彼女たちは、お客さまからいただいた金額を店と折半するというデリヘルのシステム自体に納得がいかないようです。個人で〝客をとる〟ことがいかに危険なことか、無自覚な子が多すぎて、見ているこっちがハラハラします。お店が顧客管理をしているから、危ない男性に会わずに済むという発想がないようです。いつか事件に巻きこまれなければいいけど……と考えて、採用しなかったことを後になって悔やむときもあります。

最後のチェックポイントは、わたしの目を見て話せるかということです。面接する立場になって４年、目と目を合わせてお話ができない女の子が年々増えていると実感しています。彼女たちはなぜか、メールでやりとりするときにはとてもおしゃべりです。面接の前に写メールを送ってもらってルックスを確認したり、メールで寄せられた質問に答えたりすることはよくありますが、そんなときはレスポンスも早いし、言葉も丁寧。文面からも明るい人柄や積極性が伝わってきます。これはいい人材に出会えた！　と喜び勇んで本人に会ってみると、ずっとうつむいて一度も顔を上げてくれない……。わたしは彼女の頭頂部を見ながら、面接を進めることになります。

街を歩いていたり、若者に人気のカフェでお茶をしていたりすると、友だち同士やカップルでいるのに、それぞれ携帯電話をいじっているという光景をよく見かけるようになりました。せっかく親しい人と一緒にいるのに、その人ではなく、顔が見えない遠くの人とばかりコミュニケーションを取ること自体、なんだか不自然だし、もったいない。面接で顔を上げられない子は、ふだんの人間付き合いもこんな調子なのでしょう。

デリヘルでは、お客さまとのコミュニケーションが何より大事。お互いの目を見つめ合うことができなければ〝まごころ〟を届けることはできません。残念ですが、こんな女の子はお引き取り願うことになります。

シングルマザーそれぞれの愛情表現

こうしてチェックにチェックを重ねて女の子を採用しても、それはスタートにすぎません。そこから一緒に働く仲間として、信頼関係を築いていくのです。

自分の手で新しいお店を作ると決めたとき、真っ先に思ったのが〝女の子が働きやすいお店にしたい〟ということでした。みんなが笑えるお店が理想。そのためには自分自身の、4年間におよぶ現役生活が活かせるはず、と意気ごんでもいました。

デリヘルに限らず、働くママには子どものために仕事を休まなければならないことが、しょっちゅうありますす。前もってわかってる場合はいいんです。運動会や学芸会といった学校の行事とか、保護者会やＰＴＡの会議など親としての活動とか。子どもがもうちょっと大きくなると、部活動で大事な試合がある日なんかも、仕事を休んで見に行ってあげたいと思います。休めないことはないのですが、デリヘルの仕事では出勤しなければそのぶん収入が減ります。わたしはその前後の日に出勤時間を増やしていました。体力的にはキツかったかな。でも、子どもの成長を実感する現場には、いつも立ち会っていたかった。

困るのが、急な病気です。予約を入れていただいていても、子どもが高熱を出したら、置いて出かけることなんてできない。学校でカゼが大流行しているときは、兄弟揃って寝こむこともあるので、ますます心配です。お客さまに事情を話せばいいだけのことかもしれませんが、それもプロとしては褒められたことじゃないし……。

「スウィートガールズ」の女性店長、響子さんは、勤めている女の子のこうした葛藤に、とても敏感な人でした。出勤しても浮かない顔をしていると、「何かあったでしょ？」とすかさず声をかけてくれたし、そこで事情を話すと、

「帰ってあげな。お客さまにはアタシが謝っといてあげるから。この店にデリヘル嬢はいっぱいいるけど、あの子たちのママはアンタだけなんだから」

と言ってくれたから、わたしたちも心置きなく子どもの側についてやることができました。あのときの感謝の気持ちをいまも忘れないし、カサブランカ・グループで働くママたちも、せめて子どもがつらいときぐらいは側にいてあげてほしい。それができることが、わたしにとっての〝働きやすさ〟でした。

「カサブランカ」は20代の女の子が中心のお店ですが、若くして子どもを授かったシングルマザーも在籍しているし、人妻専門店の「マリー・マリー」には常時、バツイチママがたくさんいます。ふだんから「子ども、元気ー？　そろそろ運動会の季節やね」「ウチの子の学校でもインフルエンザ流行っとるけど、そっちは平気？　学級閉鎖になったらすぐに言ってね」と声をかけるようにしていました。

ところが「マリー・マリー」のアヤメちゃんという女の子が辞めることになったとき、その理由を聞いて、わたしは頬をピシャリと打たれたような気分になりました。

「華さんは、ちょっと何かあるとすぐに〝休め休め〟って言うから」

アヤメちゃんは、幼稚園に通うふたりの女の子を抱えたバツイチママ。かつてのわたしがそうだったように、別れた夫から慰謝料も養育費ももらえず、経済的にかなり追いつめられた状態で入店してきました。彼女は、お金が欲しかった。贅沢しようと思っていたわけじゃない。ただ、生きていくために。毎日の食事のために――。

彼女が誰よりも真剣に仕事に取り組んでいることは、わたしも知っていました。過労で倒れちゃうんじゃないかと心配で、その顔色をチェックしていたときもありました。だから、「ね、子どもが熱出したんだって？　今日は休みなよ」「夏休みでしょ。来週ぐらい休みをとって、どこか連れていってあげたら？」と、ときどき声をかけるようにしていました。わたしにとっては、それが子どもへの愛情表現。でも、彼女にとっては、

「アタシはガンガン稼がなきゃいけないのに。欠勤したくなかったけど、ここで休まなかったら、みんなに〝ヒドい母親〟って思われるんだろうなって考えると、言い出せなかった」

熱を出した子を部屋に置いたり、または人に預けたりしてまで働きたいと思う母親はいません。本当は、側にいて看病してあげたい。でも、彼女はその気持ちを押し殺してでも、働くことを選びたかった。そうじゃなきゃ、子どもたちの病院代が払えないから、子ども

たちにご飯を食べさせてあげられないから——。外へ稼ぎに出ることが、彼女の愛情表現だったのです。

「だから、アタシのことを商品としてガンガン売ってくれる、男性店長のお店に移ります」

女性同士の気遣いが、かえって彼女を苦しめていた……。子どものためにお粥を作り、おでこに乗せた濡れタオルを交換してあげながら、彼女は生活費が足りるかどうかに胸を痛めていたのです。

「華さんは、やさしいんじゃなくて、甘いんです」

そう言い残して、彼女は去っていきました。ドン底を経験したわたしだから、女の子たちの気持ちがわかると思ってた。でも、そんな思い上がりが、彼女を苦しめた。もっと深いところでもがいている女の子には、わたしの言葉なんてヌルく聞こえてたんですね。

どっちが正しいとか、どっちがまちがっているとか、そういう問題ではありません。この一件を機に、わたしの〝理想のお店像〟は変わりました。それぞれが正しいと思うことを信じながら、誰にも傷つけられずに働ける場所。実現の方法は、まだ模索中だけど。

何気ない言葉で女の子を傷つけた

良かれと思ってかけた言葉が相手を傷つけることもあると、アヤメちゃんから学んだわたし。でも、そそっかしい性格のせいで、その後も何度か繰り返しました。

「カサブランカ」のセリちゃんという、当時20歳になったばかりの女の子に指名が入りました。その顔を見ると、あれ？　いつもより元気ないなぁ。待機部屋を出ていくときに、

「セリちゃん、今日もがんばってきてねー」

何気なく声をかけると、彼女はワッと泣き崩れたのです。

「アタシはめいっぱいがんばっているのに、もっとがんばれって言うんですか⁉」

叫ぶようなその声を聞いて、わたしは初めて、彼女の心がとても疲れていたことを知りました。セリちゃんは、アルバイト感覚でこの仕事をしているわけではありません。彼女の父親が多額の借金を作り、それを返済するために働いているのです。彼女のお姉さんもまた、大阪で似たような仕事に就いていると聞いていました。

ちょっと影があるところが、かえってお客さまにウケてたけど、わたしはその影が取り

返しがつかないほど色濃くなっていたことに気づいてあげられなかった。「がんばって」というのは、彼女にとってプレッシャーでしかなかったのです。セリちゃんは、涙を拭いてお客さまのもとへと出かけました。取り乱した自分を恥じているようだったけど、そんなに何もかもひとりで背負いこまないで……。感情を爆発させて心の荷物が少しは軽くなるのなら、いくらでもぶつけてほしい。それもわたしの仕事です。

現在の彼女は「カサブランカ」での在籍年数が最長クラス。若くしてベテランの域に達しています。それでも借金完済には、まだ時間がかかるそう。あれ以来、感情を激しく吐露したことはないけど、心の影はまだ消えていないんだろうな。セリちゃんがスッキリ晴れ渡った気持ちで卒業できるその日まで、わたしは彼女を見守りつづけます。

心に影を持つ子を放っておけない

デリヘルの世界には心に影を持った子が少なくありません。元々、金銭的に追いつめられ、心にも体にも疲労が積もった状態で入店してくる女の子が多いから。そして、お客さまと全力で向き合ううちに、心が消耗していくこともあるからです。上手に気分転換できる子ならいいけど、不器用な子はどんどん、ゆがんだ世界に入っていきます。

たとえば、年に何度か長い休みをとり、その休暇が明けるたびに、顔の一部や胸のサイズが変わる子。彼女たちのなかでは、美しくなればより稼げるという理屈が成り立っているようだけど、そうして稼いだお金はまた次の〝お直し代〟になるだけ……。お客さまはナチュラルな女の子を好みます。整形はお客さまのためでも、プライベートの恋人のためでもなく、完全に自己満足のためのもの。こうなると、わたしやスタッフが「○○ちゃんは、いまも十分かわいいよ」と忠告したって、まったく無意味です。自分自身で気づかないと、終わらない。何もしてあげられないから、いつも歯がゆい思いをしています。

ほかにも、いろんな女の子がいます。買い物依存症になって、毎月40万円を稼ぎながら、50万円ぶんのブランドものを買いまくってしまう女の子。過食症と拒食症を交互に繰り返し、自宅アパートの階段を降りるときに風にあおられ、飛ばされて階段を転げ落ちるほど痩せ細ってしまった女の子。そして、何度も自殺未遂を繰り返す女の子……。

真夜中にスミレちゃんから電話があると、わたしの心臓はいつも縮みあがりました。

「華さん、もう疲れちゃったよ。わたし、死ぬね」

決まって自殺コールだからです。半年に一度ほどのペースでスミレちゃんは生きていくのがイヤになり、自殺を試みるのです。本気で死のうとしているわけではないのは、わかっています。でも、だからといって、放っておけると思う？

わたしは電話があるたびに、タクシーで彼女の自宅に向かいました。玄関のカギは開いてるし、これ見よがしに枕元に睡眠薬のような錠剤を並べているし、明らかにわたしが来るのを待っての行為だってわかるけど、ベッドに横たわり、ぴくりとも動かないスミレちゃんを見ると、わたしもサッと血の気がひきます。顔を何度ひっぱたいても意識を取り戻さないから、救急車を呼び、病院に付き添い……この流れは、何回経験しても慣れることができません。その都度、半狂乱になってスミレちゃんの名前を呼び続けます。

けれど、ある冬の日の午前3時にかかってきた電話は、これまでとちがっていました。

「睡眠薬じゃ死ねないってわかったけぇ、飛び降りる」

スミレちゃんがそう言うのです。

「華さん、いままでありがとうね。さよなら」

　彼女が電話を切るのと同時に、わたしは自宅を飛び出しました。

（今回はもしかすると、もしかしちゃうかも！）

　寒い季節だったにもかかわらず、全身から汗が滝のように流れました。タクシーの運転手に1万円を渡し、おつりも受け取らずに車を降りました。スミレちゃんの部屋は、アパートの5階。エレベーターを待つ時間は、頭がおかしくなると思うほど長かった。

フェンスの前でガチな攻防戦

　スミレちゃんの部屋に入っても、ベッドはもぬけの殻。悪い予感がいよいよ本物になりそうで震えたけど、わたしの身体はそれでも次の行動を開始していました。またエレベーターに乗って、最上階へ。そして、そこから階段をかけ上がって屋上へ――。

「スミレちゃん！」

フェンスにしがみつくようにして立っている人影がありました。間に合ったと安堵しながら、やっぱりこの子はわたしを待っていたんだと確信しました。でも、Tシャツと短パンというルームウエアのままで寒空の下に立っているその姿が痛々しかった。真っ白な腕がいっそう細く、頼りなく見えて、「守ってあげなきゃ」という思いに駆られました。ラグビー選手がタックルをするように、わたしはスミレちゃんの腰のあたりに飛びかかりました。

「バカなこと、やめなさい！　一緒に部屋に帰ろう」

「華さん、止めんでよ。もう生きていたくないんじゃけぇ！」

わたしが到着して、初めてフェンスをよじ上ろうとするスミレちゃん。狂言だってわかっていても、彼女の腰にしがみつく腕の力は緩めなかった。わたしが本気じゃないってわかったら、そのときこそこの子は何をするかわからないと思ったのです。

膠着《こうちゃく》状態が続きました。わたしは、身長170センチ近くのスミレちゃんの身体にしがみついて、何度も何度も「やめなさい」と呼びかけました。まるでお相撲《すもう》さん同士が、がっぷり四《よ》つに組み合っているような感じ。ラグビーだの相撲だの、たとえがマッチョだけど、そのぐらいガチな肉弾戦が繰り広げられました。お互いに、真剣勝負です。

このままふたりで凍え死ぬんじゃないかと思ったけど、スミレちゃんは薄着なのに、なぜか寒さを感じていないようで、なおのこと哀れを誘われました。

すでに東の空がうっすらと白くなりはじめていました。

(子どもたちがそろそろ起き出す時間かも……)

わたしはそう思った瞬間、それまで命綱のようにしてスミレちゃんの腰に巻き付けていた腕の力を、ふと抜きました。腕時計の文字盤を見ようとしたのです。子どものことを思った途端、わたしは女の子のトラブルに巻きこまれているデリヘル経営者ではなく、ふたりの男の子の母親に戻っていました。そんな心の動きを敏感に察したスミレちゃんが、

「華さん、子どもが気になるんじゃろ？　帰ってあげればええじゃん。アタシ、ここで死ぬだけじゃけん！」

と言い放ち、またフェンスを上ろうと身をよじりました。

「待ちなさい！　アンタが自殺をあきらめるまで、わたし、どこにも行かんよ」

わたしはふたたびスミレちゃんの腰にしがみつき、心のなかだけで気づかれないように

溜め息をつきました。桜太、春太、ごめん。買い置きのパンでもかじって学校に行ってね。

そして、通勤する人たちの姿が地上にぽつぽつと現れるころになってやっと、

「寒い」

スミレちゃんが、ぽつりと漏らしました。

「部屋に戻ろうよ」

「……うん」

「眠るまで側にいるからさ」

「ほんと？　華さん」

「うん、だから安心して寝なさい」

わたしはスミレちゃんの手を引いて部屋に戻りました。バスタブに熱い湯をため、彼女が湯船で凍えた身体を温めているあいだ、紅茶を淹れて、ブランデーを2滴垂らしました。そして、ほかほかと身体中から湯気を上げながらバスルームから出てきた彼女の髪をドライヤーで乾かし、ふたたび手を引いて彼女をベッドに入れ、寝つくまで乾いた髪を撫でつづけました。

将来、ふつうの社会に戻るために

経営者だからってここまですることはない、と言う人がいます。あなたがそうやって振り回されるから、女の子も騒ぎを起こすんじゃないの？　と言う人もいます。たしかに、（わたしが甘やかしすぎなのかなぁ）と思わないことがないわけじゃない。でも……性分なんだろうなぁ。わたしは、女の子たちと真っ正面から取り組むことしかできない。頼られたが最後、とことん面倒を見てしまう。自分でも損な性格だとは思うけど、こればっかりは譲れないと思っています。

さらに、わたしは根っから口やかましい性格でもあるようです。待機部屋での女の子たちを観察していると、ついつい「玄関で靴を脱いだら、ちゃんと揃えるんよ」「脱いだコートは、ほら、そこにハンガーがあるから掛けておきなさい」と口が出てしまいます。デリヘル嬢はお客さまの自宅にうかがうことが多いので、気になってしまうんです。

息子たちに同じことを言うと「わかってるよ！」と口答えをしますが、女の子たちはわりと素直に聞いてくれます。手はかかるけど、彼女らがふつうの社会に帰っていくときに必要な、最低限の常識ぐらいは教えてあげたいから、これからも続けていくでしょう。

カサブランカ・グループにいるデリヘル嬢は、手を焼く子ばかりではありません。スタッフたちからも頼られるほど、しっかりした嬢もいるし、そんな子には仕事終わりに飲みにいって、わたしのほうが愚痴を聞いてもらうこともあります。こうして信頼関係を築けた女の子は、わたしにとって、何にも代えがたい財産。一緒になって店を、グループを成長させているという連帯感があります。

このままずっとグループに残ってほしい。卒業後は、わたしの片腕となって働いてほしいと思う子も何人もいます。かつてわたしが響子さんに「アタシが引退したら、お店を継いでよ」と言われたことを思い出しました。必死になって大きくしたお店だからこそ、自分が最も信頼できる人材に後を託したい。その気持ちが、いまになってわかります。

卒業したら、忘れなさい

「カサブランカ」在籍2年めのツバキちゃんも、そんな女の子でした。美人なうえに屈託のない明るい性格で、お客さまからの人気も歴代で最高クラス。頭がよく回り、周囲にも気を遣える子だったから、わたしの目が届かないところで悩んでいる女の子の相談にもよく乗ってくれていました。そのやり方も、泥くさくてガチンコ勝負しかできないわたしと比べて、とってもスマート。わたしは両手を広げて、彼女のことをスタッフとして迎え入れたい気持ちでした。

そんなツバキちゃんから「卒業したい」と話がありました。待って！　あなたを店長見習いにしたいと思っていたのに。ねぇ、考えなおしてくれないかな……。その言葉がわたしの口から出るより先に、彼女が卒業の理由を打ち明けてくれて、本当によかった。

「前から付き合っている彼と、結婚することになったんです」

卒業の理由として、結婚は最もハッピーなもの。後継者候補がいなくなって残念だという気持ちは、瞬時に消えました。妹のようにかわいがってきた子が、好きな人と結ばれる。

これが幸せじゃなかったら、何を幸せと言うんでしょう。

「ツバキちゃん、おめでとう！」

わたしの片腕に……と思ったのはウソじゃないけど、嬢であれスタッフであれ、デリヘルをやらなくても生きていけるのであれば、そのほうがいいに決まっています。でも、さみしくないわけじゃない。親しい人が結婚すると、なんだかその人を奪われたような気がすること、誰にでもあると思います。このときのわたしは、そんな気分だったのです。

一方で、わたしは気が早いことに、ツバキちゃんの送別会をどうしようと考えはじめていました。大々的に見送ってあげたいな。いつまでもツバキちゃんの記憶に残るくらい楽しい集いを、人生のたった一時期とはいえデリヘルという世界に身を置いたことを後悔しないくらい温かい集いをして、お別れしたい。この世界での送別会は、もう一生会わないということを意味しています。それでも、彼女のためにそれを計画することは、わたしにとってワクワクすることでした。

「それでね、華さん。式を挙げることになったんで、絶対来てくださいね！」

ツバキちゃんの口から、信じられない言葉が飛び出しました。わたしの手をとり、目をのぞきこむようにして返事を待つツバキちゃん。こんなに美人なんだもん、ウエディングドレスが似合うだろうなぁ。わたしは想像して、ウットリしました。彼女の人生の晴れ舞台で、そのドレス姿を見たい。友人のひとりとして祝福の拍手を送りたい。でも……

「行けないよ」

わたしの顔は、風俗向けの求人情報誌をめくれば必ず出てきます。見る人が見れば、わたしの名前も仕事もすぐにわかるのです。「カサブランカの長谷川華が、なんでこんなところにいるの？」と会場でささやかれれば、〝ツバキちゃん〟としての前歴がいろんな人に知られてしまいます。

結婚相手である彼は、ツバキちゃんの仕事を理解してくれていたそうです。でも、彼の家族や親族はどうでしょうか？　ツバキちゃんはデリヘル嬢として、いろんな人に幸せを与えてくれました。お客さまにだけじゃなくて、わたしにも、仕事仲間の女の子たちにも。彼女のすばらしさは、そのみんなが知ってる。でもそのことを、式場にいる人たちにまで理解してもらえる可能性は、とても低いのです。これから門出を迎えようとしている彼女の人生に水を差すことは、わたしにはできないし、してはいけないのです。

「でも、わたしは華さんに……」

「ううん、いいの。誰かに知られたら、せっかくの幸せが逃げてくよ。卒業したらカサブランカのことは忘れなさい。わたしのことも、全部ね」

ツバキちゃんの目から、大粒の涙がぽろぽろ流れ出てきました。それを拭おうともせず、わたしの手をぎゅっと握ったままでいます。

「それに、わざわざ呼んでもらわんでも、ツバキちゃんの花嫁姿が誰よりもキレイなんは、わたし知っとるけぇ。世界でいちばんキレイで、いちばん幸せなお嫁さ……」

最後まで言ってあげられませんでした。ツバキちゃんがあんまり泣くから、つられてわたしの目からも涙があふれてきた。大の大人がふたり、子どもみたいにワァワァ声をあげて泣きました。しゃくりあげて、鼻水まで出てきて、ひどい顔になったけど、それでもお互いの手を離さず、涙を流しつづけました。

第10章

デリヘルがあったから、生きてこられた

グループが拡大するたびに、女の子もスタッフも、ご利用いただくお客さまも増えました。わたし自身もどんどん多忙になります。いま思えば、起業した当時はまだノンビリしていたなぁ。女の子ひとりひとりともっと関われたし……。こうして振り返ると、自分自身だけじゃなく、働く女の子たちが変化したことに気づかされます。デリヘルに飛びこむきっかけが、わたしが現役だったころとは異なったものになっているのです。

どうして変わったんだろう？　社会が変わったからかな。デリヘルを仕事に選ぶ女の子たちの多くは、社会のなかで弱い存在です。その数が年々増えてきている。グループの成長はそんな事情と背中合わせなのだから、複雑な思いもあります。本当なら女の子たちがデリヘルに頼らなくてもいい世の中のほうが、よっぽどいいんだから。

いまでも生活費をくれる母

朝、学校に行こうとしている春太が、玄関先でふとわたしを振り返り、

「言い忘れてた。昨日、おばあちゃんの家に行ってさ」

と話し出しました。おばあちゃんというのは、わたしの母のことです。

「お小遣いもらった。ママにも、って封筒を渡されたけん、テレビの前に置いといたよ」

「えっ、アンタなんで行く前に知らせんのよ⁉」

「ママの携帯にメールしたよ。どうせ見ないと思ったけどさ」

しまった、と思いました。昨夜は深夜まで予約の電話が引きも切らず、息子たちからのメールをチェックする間《ま》もなかった……。バツの悪そうな顔をしているわたしをひとり玄関に残し、春太は「行ってきます」と出かけていきました。

母は、祖母としてふたりの孫をかわいがってくれていますが、彼らに対して申し訳ないとも思っているようです。母子家庭で、しかも経済的にかなり困った状態で育てられることになった兄弟への、償いのつもりなのでしょう。ときどき直接、桜太や春太の携帯電話を鳴らしては「おばあちゃんの家に、ご飯食べに来ない？」と自宅に呼び、夕飯を振る舞ってくれています。桜太は不登校になって以来、足が遠のいたようですが、春太はいまでも、帰りがけにおばあちゃんが握らせてくれるお小遣いを目当てに、顔を出しているようでした。次男坊はちゃっかりしています。

そんなとき母は必ず、「これはママにね」と言って、わたしにも生活費を渡してくれます。孫たちも不憫だけど、娘も不憫。どれだけ身を粉にして働いても、苦しい生活から抜け出せない。そう思っているのです。

実は、母はわたしがデリヘル店を経営していることを知りません。デリヘル嬢をしていた過去も知りません。わたしが話していないからです。だから母は、いまだにわたしがコンビニのアルバイトをして、ふたりの子どもを育てていると思いこんでいます。

小さいころから、いつもわたしの味方になってくれた母でした。すべてを話して受け入れてもらいたいと思うときもあるし、話したはいいけど母が強い拒否反応を示したらどうしようと不安になり、この秘密は墓場まで持っていこうと思うときもあります。

「アンタの口から言ってあげなよ。ほかの人から知らされるより、お母さん、救われるよ」と忠告してくれる友人がいます。それもそうかもしれない。でも、母にとって目のなかに入れても痛くないほどかわいい孫である桜太と春太の兄弟を、デリヘルで稼いだお金で育てたと知ったら……お嬢さん育ちの母は、寝こむに決まっています。

わたし自身は、デリヘル嬢をしていたこともグループを切り盛りしていることも、ひとつも後悔していません。だけど母はちがう世代の人間で、わたしとは別の感覚の持ち主です。だから、デリヘルを職業として以来、わたしたち母子3人が暮らすアパートに、母を上げたことはありません。時折、わたしが息子たちを実家に連れていくだけ。子どもたちが自分でバスや路面電車を乗り継いで行けるようになってからは、わたしの足はいっそう実家に向かなくなりました。母に対して気まずい思いが、常に胸にあったからでしょう。

母に甘えることができたら楽なのに、と思ったこともあります。「スウィートガールズ」時代、昼間に出勤し、一度家に帰って子どもたちにご飯をたべさせ、寝かしつけてから、もう一度出勤していました。ふたりのことが心配で、仕事中に上の空になることもありました。もうママがいないとわかって泣き出す年齢ではなかったけど、夜中に具合が悪くなるかもしれない。そう思うと、おばあちゃんの応援を頼みたくなったものです。

打ち明けよう。ううん、やめておこう——わたしは9年ものあいだ、心のなかで葛藤しつづけています。そして母は母で、「生活費の足しにしなさい」と、会うたびに1万円札を数枚、わたしの手に握らせます。この日のように、息子たちに預けることもあります。

「アンタ、給料どのくらいもらっとるん?」

「母子手当とかも合わせると、10万ちょっとはあるけん、大丈夫よ」

「でも、それだと家賃だけで半分は消えるじゃろ。無理しなさんな」

と言われたら、わたしもそれを断れません。経営者になって以降はもちろん、現役デリヘル嬢時代も、母が思うよりよっぽど収入があることは、言い出せませんでした。

デリヘルを通して社会の役に立ちたい

ふたりの子どもがいる家庭を、コンビニのアルバイトで支えられるはずがないという母の考えは、とてもまっとうです。ましてわたしは、高校卒業と同時に結婚、1年後に出産。それまで社会に出て働いたこともなかったのです。

カサブランカ・グループには、当時のわたしと似たような境遇のバツイチママたちが、面接にやって来ます。アルバイトや、派遣の事務職のお給料は、ここ広島市ではどんなにがんばっても手取り月12万円がいいところ。母子手当や児童手当をもらったとしても、子育てをするのに十分な金額にはなりません。それが、思い切ってデリヘルの世界に飛びこんだことで、収入が毎月30万円ほどに大幅アップ！　経済的にはもちろん、気持ちにも余裕が出てきます。うまくシフトを組めば、子どもたちと過ごす時間も増えます。

これを子育ての仕方として正しくないと責める人も、世の中にたくさんいることは承知のうえ。でも、彼らは想像したことすらないのでしょう。子どもをひとりで育てなきゃいけないのに、お金も仕事もないという状況が、どれほどツライものかを。

バツイチママたちはみんな、自分自身のことはどうでもいいんです。子どもがずっとお腹を空かせたままだったらかわいそうだし、成長に合った服を着せてあげたい。そうじゃないと、学校でイジメられるかもしれない。同級生たちと同じように塾にも通わせてあげたいし、将来のチャンスにつながることは、できるだけしてあげたい――いたってふつうの親心からの選択を、どうして責めることができるでしょう。

（もしかすると、デリヘルが社会の役に立つこともあるのかな）

こう思うのはウヌボレかもしれないけど、バツイチママの女の子たちから、

「華さん、ここで働きはじめる前は、娘を高校に行かせてあげられないなって思ってたんですけど……おかげさまで、なんとかなりそうです」

「初めて息子を旅行に連れていってやれたんです。あの子、寝る前に毎晩、旅行のときの写真を見てるんですよ。よっぽどうれしかったんでしょうね」

って言われると、わたしの役目は、貧乏に苦しむママたちをひとりでも減らすために、カサブランカ・グループという受け皿を大きくしていくことだと思わずにはいられないのです。かっこいい言い方をすれば、社会の〝セーフティネット〟になりたい。ううん、ならなければ！　と使命感すら感じています。

借金という病から抜け出すために

バツイチママたちほど切迫していなくても、デリヘル嬢になるのは、お金に困っている子がほとんどです。代表的なのは、借金です。会社勤めをしてお給料をもらっているのに、その金額を上回るブランドものをカードで買い漁《あさ》ったり、ホストクラブにハマって散財したり……。父親の借金を一家総出で返済しているセリちゃんのような女の子は少なくて、ほんのひとときの楽しみのために、分不相応なお金の使い方をして借金を背負った女の子たちが、数年前までは大多数を占めていました。

一方では、子どものためを思って爪に火をともすような生活をしているバツイチママたちを見ているだけに、あきれてしまうこともあります。でも、カサブランカ・グループの一員となることを選んだからには、彼女たちには借金を返済し、立ち直ろうという意思があるんだと前向きに受けとることにしています。この子たちを更生してみせる！　なんてエラそうなことを思ってるわけじゃない。でも、買い物依存症やホストクラブ依存症が治らないうちは、安心して卒業させることもできません。

面接のときに「借金がある」と打ち明けてくれた子には、まずその具体的な金額を訊きます。その子が200万円と言ったら、

「じゃあ、まずはそれを全部、返済しましょう。で、さらに同じ金額を貯金できるまで、がんばってみようか」

と提案します。額が大きいほどハードルが上がるけど、お金を稼ぐことがいかに大変か、骨身に染みて感じないと、この子は同じ失敗を繰り返してしまう。

反省している子ほど仕事にも身が入るし、金額の多い少ないにかかわらず、時間をかけずに卒業していきます。額が小さくても、借金を痛手だと感じていない子は、給料を手にまたブランドショップに行ったり、ホストに貢いだり……懲りるということを知らないんです。「使ったら、またデリヘルで稼げばいいんでしょ」という心の声が、わたしの耳には聞こえています。いつまでも卒業できない自分に、危機感を持つことすらない。デリヘルはいつまでもいられるところじゃないし、いていいところでもないのに……。

ところが、ここ数年、面接を受けにくる女の子たちを見ていると、さらに不安を覚えます。借金まみれの子が、まだ健全なのではないかと錯覚してしまうほどです。昼間の仕事もしているから、生活に困っているわけでもない。ブランドものに興味がなくて、ぜいたくもしない。そもそもあまりお金を使わない――それでも「お金が欲しいから」とデリヘル嬢になる女の子たちが増えているんです。

将来への不安が消せない若者たち

高卒で派遣社員として就職した20歳ぐらいの女の子なら、手取りはバツイチママたちと同じ月12万円そこそこ。実家に住んでいるなら生活には困らない額だけど、将来に希望が持てる額でもありません。彼女たちは常に漠然とした不安を抱えています。

「いつまでもこんなお給料じゃやっていけない。でも、自分の能力じゃ、この先もお給料のいい会社には勤められそうにない。将来に向けて、貯金なんて全然できないよ」

わたしが彼女たちぐらいの年齢のとき、女の子にはもうひとつ選択肢がありました。結婚です。ところが、いまの20代の女の子たちはそれにも希望を持てないみたい。結婚できるかどうかもわからないし、たとえできたとしても、夫となる人がちゃんと稼げるかわからない。いつかリストラされるかもしれない……。おまけに年金となると、まったくもってあてにできない。だから、こう言うのです。

「将来が不安だから、デリヘル嬢になります」

初めてこれを聞いたとき、ショックでした。でも、いまはいちいち驚いてもいられないほど、こんな女の子だらけです。彼女たちは目標としていることも、だいたい同じです。

「1000万円貯めたい。それだけ貯金できたら、卒業します」

この額で、彼女たちは将来に対する安心感を買おうとしています。たしかに〝年収1000万円〟って聞くとお金持ちのイメージだけど、老後にまでおよぶ生涯を保証するにはほど遠いでしょう。実際にいくらあれば安泰なのかは、わたしにもわからない……でも、不安とともに生きている彼女たちが、なんらかの救いを見いだせる額であることはまちがいないようです。お金じゃ不安は消せない。わたしはそう思っています。将来への不安からお金を貯めるのではなく、明るい未来のためにお金を稼いでほしいのに。

「カサブランカ」でナンバー2の人気嬢、ヒナギクちゃんも、そんな〝将来が不安症候群〟のひとりです。面接のときに志望理由を訊くと、典型的な答えが返ってきました。

「なんとなく、お金が欲しくて」

わたしは彼女に無理やり目標金額を設定させました。そのほうが励みになるからです。

「じゃあ、マンションを買いたいです。ローンじゃなくて、現金で」

入店後、ヒナギクちゃんは熱心に出勤し、売れっ子へと成長しました。ＯＬの仕事も続けながら、終業後や週末を利用してのデリヘル勤務です。その結果、彼女は3年足らずで1500万円の貯金に成功しました。

「華さん、これだけ貯まった」

2、3カ月に一度、彼女は通帳を開いて見せてくれましたが、そこに記される額は増えるばかりで、減ることはありませんでした。超高級な物件でなければ、広島市なら即金でマンションが買えるだけの金額を、見事、貯金したヒナギクちゃん。

「そろそろ卒業する？」

わたしは訊きました。これだけ売り上げのいい嬢を失うのは、お店としては大きな痛手だけど、彼女のためを思えば悪いタイミングではありませんでした。

「うーん、そうだなぁ」

小首をかしげて考えるヒナギクちゃん。

「もうちょっと続けます。ほかにすること、ないもん」

その後、ヒナギクちゃんの通帳はますます数字を増やしています。貯金額としてはズバ抜けているけど、彼女のような子はめずらしくありません。

稼いだお金はひたすら貯金

しばらく前までは、女の子たちがデリヘルの仕事を始めると、お金に対する価値観が多かれ少なかれ変わりました。極端に散在する子は少なくても、みんな多少は財布のヒモが緩くなったものです。伸びっぱなしの髪を美容院できれいに巻いてきたり、シーズンごとに新しい洋服を買ったり。バツイチママたちは、子どものために稼ぎに来ている子がほとんどなので、いきなり金遣いが荒くなるということはありませんが、お金が以前より入るようになったことで、身なりに気を遣う余裕が出てくるようです。めきめきキレイになる様子を見ていると、わたしまでうれしくなってきます。

ところが〝将来が不安症候群〟の子たちは、モノを買おうとしません。秋になって肌寒い季節に突入しても、薄手のカットソーのまま。

「そろそろコートを着たほうがいいんじゃない？」

と訊くと、平然とこう答えます。

「持ってないんです」

その子には、新作のコートを10枚でも一気に買い揃えられるほどの稼ぎがあるのに。でも、買いたくないんです。通帳に記された金額から1円でも減るのがイヤだから。それは個人の勝手だけど、見ているこっちが寒々しい！　みすぼらしい姿でお客さまの元へ届けるわけにもいかず、しようがないからわたしが量販店でコートを買ってきて、無理に着せたこともあります。

いまの世の中は元気がない。デリヘルの外でも、こんな女の子たちはめずらしくないのでしょう。わたしが、母子3人の生活を守るために突っ走っていたころから、そうだったのかもしれないけど、当時は自分のことで精一杯で、広い世間が見えていませんでした。

それでも、〝将来が不安症候群〟でデリヘル嬢になる子たちは、まだマトモなんじゃないかと思うことがあります。手取り12万円の生活に不安と不満を感じて、一歩、外へと踏み出しているのだから。ただ与えられた仕事をこなしていれば12万円だけど、デリヘルという世界に挑戦することで、プラス20万円になるし、プラス50万円だって夢じゃない。いまは実現したい夢もなくて、そのお金を貯金するしかなかったとしても、デリヘル嬢を続けるうちに見つかるかもしれない。というより、見つけてほしい。そのとき初めて、その女の子にとって、デリヘルという仕事が意味を持つことになります。

わたしにとってデリヘルは、ドン底から這い上がる手段でした。いまの女の子たちに同じような体験をしてほしいとは思わないけど、勝手な希望を言えば、もうちょっと夢を持ってほしいかな。わたしみたいに自分のデリヘル店を持つためでもいいし、ヒナギクちゃんみたいに現金でマンションを買うためでもいい。留学するため、世界一周旅行をするため、カフェを開くため……なんでもいいんです。夢の大小なんて本人にしかわからないんだし、その実現のためにお金はどれだけあっても困らない。

時代の不安に押し潰されないで、自身の足で歩いてほしい。そのためにお金を稼ぎたいと言うなら、わたしもカサブランカ・グループも、全力で応援します。

わたしが両親に孝行をするとき

春太が学校に出かけた後、わたしは封筒を開けました。1万円札が3枚。母はこれを、父に内緒で工面《くめん》してくれています。その封筒を手にキッチンに戻り、キャビネットのなかで、わたしだけが知っている内緒の引き出しを開けました。そこには、厚みがある封筒がひとつ。お札がぎっしり詰まったそのなかに、昨夜春太が持って帰ってきた3万円も滑りこませました。この封筒には、これまで母が渡してくれた生活費が、そっくりそのまま入っているのです。

ふと、わたしは気づきました。母の60歳の誕生日が目前だということに。父が還暦を迎えたのは、わたしが「カサブランカ」を起業したばかりのころで、ちょっとしたプレゼントを送ることしかできなかった。せめて食事に連れ出して、娘と孫と一緒に祝ってあげたかったけど、当時のわたしは時間的にも精神的にも余裕がありませんでした。

（父への償いと、母の還暦祝いの意味をこめて、ふたりに旅行をプレゼントしようかな）

このアイデアに、わたしは夢中になりました。やっぱり温泉がいいかな。ふたりとも中国地方は当然だけど、会社や商店街の旅行で四国や九州の温泉もひととおり行ってるから、関西方面はどうだろう。もっと思いきって関東？　いやいや、沖縄にバカンスに行くほうが、ふたりとも喜ぶよ！　楽しい想像はいくらでもふくらむけど、わたしはそれが実現不可能であることを知っていました。母は、娘がお金に困っていると思っています。そんなわたしが旅行をプレゼントした日には、「ウチらにお金かけるぐらいなら、子どもたちに何か買《こ》うてやりなさい！」って怒るか、または、素直に父とふたりで旅行に出かけ、帰ってきた後にこっそりとわたしに旅行代金を返すか……。

（行かせてあげたいけどなぁ）

デリヘルを稼業にしていることを母に隠したままでは、親孝行もできない。初めてそのことに思いいたったわたしは、グラグラと揺らぎ始めました。言ってしまおうか。でも、それでは自分が楽になって、年老いた父母に重い荷物を背負わせるだけのような気がする。じゃあ、一生黙っていようか。でも、それって騙しつづけることにならない？

……まだ当分、結論は出そうにありませんが、急ぐこともないのでしょう。還暦のお祝いがちゃんとできなかったら、来年の母の日でも父の日でもいいじゃない。親孝行は〝このときしか、できない〟ってことはないんだから。

あえて〝このとき〟を決めるとしたら……わたしが、カサブランカ・グループの全店を、理想の店にできたときかな。女の子たちが自分の正しいと思う道を歩めて、みんな一緒に豊かになっていける店。実現するのはいつだろう。すぐそこのような気もするし、一生をかけてもできない気もする。でも、それまでわたしが立ち止まることはなくて、そのあいだはきっと両親も元気でいてくれる。……まぁ、最後のは〝願望〟にすぎないけど。

わたしは、1万円札が入った封筒を、引き出しに戻しました。「カサブランカ」と「マリー・マリー」の予約受付は10時から。それまでに、朝食と子どもたちのお弁当を作った包丁やフライパンをきれいに洗って、身支度を整えて、事務所へ——わたしを必要としてくれる場所へ、出かけなきゃ。今日はどんなお客さまが電話をくれるかな。女の子とお客さまのあいだで、どんなドラマが生まれるのかな。

母親から、経営者に変わる瞬間。電気とガスが止められた夜から9年が経ちました。子どもたちは大きくなり、わたし自身は年をとった。変わったこともたくさんあるけど、ひとつだけ変わらないことがあります。それは、わたしがいつも前だけを見ていること。もとが不器用な性格だから、これから先も、つまずくだろうし、悔し涙を流す日もあるだろうけど、視線だけは常に、前へ。わたし自身の、子どもたちの、お店の女の子やスタッフたちの将来を見据えて、そこに向かって進んでいくだけです。

エピローグ

　長男の桜太が高校2年生になってアルバイトを始めた年は、次男の春太が高校に進学した年でもありました。1歳しか年齢がちがわず、身長も顔だちもよく似ていたから、双子にまちがわれることもあったけど、ふたりの性格は正反対。兄が慎重派なら、弟は、

「ねぇ、春太。小さいころみたいに、ママと手つないでよー」

と、わたしが冗談めかしてその腕にからみつくと、

「何すんだよ。恥ずかしいじゃろ、やめろよー」

　そう言って身をよじって逃げた後に、

「あ、でも500円くれたら、5分だけ手ェつないでやってもいいよ」

と母親に向かって手を差し出すような、お調子者。常に愛想よく笑顔を振りまいていて、仲間の輪の中心にいる春太。中学時代は、身長が低いのにバスケ部に入って、2年生から

はキャプテンを務めていました。小柄なのに負けん気が強いところなんて、わたしの子どものころとそっくり。でも、その屈託のない笑顔を見るたびに、

（この子は、母親の職業が何か、気づいてるのかな……）

と、わたしの胸に黒い雲が立ちこめました。兄のように自分の殻に閉じこもることはなくても、この子だって実は笑顔の裏で傷つき、悩んでいるかもしれない。わたしは、桜太の不登校が始まって以来、春太のことも注意深く観察するようになりました。

いまのところ、春太はまだ知らないように見えます。単純だけど素直なところが持ち味の子だけに、気づいたときには「ママ、それって本当なの？」と聞いてくるはずだから。

幼稚園から小学校、中学校までずっと地元で通いつづけた春太は、友だちの顔ぶれが小さいころからほとんど変わっていませんでした。いまも親しくつるんでいる幼なじみたちとは、幼稚園に上がるよりずっと前に、近所の公園で出会って以来の仲です。

わたしはわたしで、彼らのママたちといまでも親しい付き合いをしています。彼女たちはわたしが離婚を決めるまでの一連の出来事も、離婚してからの極貧生活も、そこから抜け出すためにデリヘル嬢になったことも、いまはデリヘルチェーンを経営していることも、

全部知っています。それを知ったからといって、ママ友たちのわたしに対する態度は変わらなかったし、自分たちの子どもを春太から引き離すようなこともしなかった。わたしたち親子は、そんな温かな人間関係に守られて、これまで暮らしてきました。

でも、高校に進学すると、地元の友だち以外の人とたくさん出会うことになります。桜太のようにアルバイトも始めるでしょう。いまは勉強嫌いだけど、将来のことを考えていずれ塾に通うようにもなるかもしれない。春太の交友関係が広がれば広がるほど、〃カサブランカの長谷川華〃を知る人間と出会う確率は高まります。同年代の友だちだとその危険性はまだ低いけど、彼らの親や年上の兄弟、アルバイト先の社員や塾の先生は、わたしのことを知っているかもしれません。

（求人情報誌に顔出しするの、やめようかな……）

そう考えることもあるけど、それでは問題が解決しないこともわかっています。顔出ししてもしなくても、わたしがデリヘル店を経営している事実には変わりがないし、わたしがデリヘル嬢だった事実も消せません。

わたしの不安をよそに、春太は無事に高校生になりました。背が伸びたというわけでもないのに、息子がひと回り大きく見える瞬間。いまはまだ子どもだけど、きっとすぐに大人になっちゃうんだろうなぁ。初めての制服、初めての電車通学、初めての友だち……。春太が目を輝かせるひとつひとつが、母の気持ちをざわつかせました。

入学したばかりの高校生の毎日は慌ただしい。授業の取り方についてのオリエンテーションがあったり、新しい友だちと放課後に寄り道をしたり、部活動の見学に行ったり。わたしは、春太は高校生になってもバスケを続けるんだろうと考えていました。中学時代はキャプテンだったんだし、家にいるときの春太はヒマさえあれば漫画の『スラムダンク』を読み直していたし、四六時中バスケのことを考えているように見えたからです。

それなのに、入学して初めての日曜の午後、

「ママ、これって燃えるゴミ？　燃えないゴミ？」

と、春太がバスケットシューズを片手に、わたしに訊きました。

「もう新しいシューズが欲しくなったん？　まだ使えるし、もったいないじゃろ」

「そうじゃなくて、もう……バスケやらんから」

「え！　アンタ、高校でもバスケ部入るんじゃないん？」

わたしが驚くと、春太は勢いよく首を横に振りました。

「俺チビだし、バスケは十分に楽しんだから、もういいよ」

スッキリしたその表情を見ると、未練がないことはわかりました。息子がふたりとも帰宅部というのは、一抹《いちまつ》のさみしさを感じます。本人が決めたことなら仕方ないけど……と、物思いにふけっているわたしに向かって、春太は、

「入る部活は、もう決めてきたよ」

と言い、続けて驚くべき報告をしました。

「昨日、料理部に入部届け出してきたんよ」

「えっ、料理？　アンタ、包丁持ったことすらほとんどないのに、何言うてんの」

わたしは反射的に答えていましたが、実際、桜太も春太も料理の〝り〟の字も経験したことのない子どもでした。ふたりが小さかったころは、わたしは専業主婦だったし、コンビニ時代もデリヘル嬢時代も、経営者に転身してからも、息子たちの食事をしっかり作り、電子レンジで温めればいいだけの状態にしてから仕事に出かけていました。子どもふたり

で留守番をしているときに、火を使わせたり、刃物を持たせたりするのが心配だったからです。食器はきれいに洗ってくれたし、掃除や洗濯などの家事は、わざわざ言いつけなくても手伝ってくれたけど、料理だけはしたことがないはずです。

（この子、何を考えてるんだろう？）

わたしは春太の頭のてっぺんから足の先まで、何度も視線を往復させました。バスケがダメでも、ほかにいろんなスポーツがあるだろうし、じっとしていられない性格なんだから運動ぐらいしなきゃ発散できないんじゃないの？　それに、そもそも料理部に男子生徒っているのかな……あ、なるほど！　わたしは、あることに気づきました。

「春太、アンタ、女の子と仲良くなりたくて、料理部に入るんじゃろ⁉」

陽気で社交的な春太はモテないわけでもないらしく、中学時代にも彼女がいたようです。ママには一度も紹介してくれなかったから、いまも交際が続いているのかどうかは知らないけど。彼女がいるいないにかかわらず、男子高校生は女の子が好きで当然。それに、母親があまり家にいないから、もしかしたら家庭的な子に憧れがあるのかもしれない。

「ちがうって、ママ」

春太は、あきれたように薄く笑いました。その顔がとても大人びて見えたのは、ほんの一瞬のこと。すぐに破顔したその表情、どこかで見たことがある……。

（あ、思い出した）

そうです、桜太が12歳、春太が11歳のとき。ふたりはわたしの誕生日を祝うためにサプライズパーティーを計画していました。パーティーといっても、部屋を折り紙などで飾りつけ、３人で「ハッピーバースデー・トゥ・ユー」を合唱した後にケーキを食べるという、ささやかなものです。だけど、子どもたちが近所の洋菓子店でお小遣いをはたいて買ってくれたケーキは、どんな有名パティシエが作ったものよりおいしかった。

春太がパーティーについて教えてくれたのは、わたしの誕生日の２日前のことでした。

「ママ、あのね」

手招きする春太。このころはまだ、わたしのほうがほんの少しだけ身長が高かったから、少し腰を屈めて、視線を春太の目と同じ高さに合わせました。すると彼は、

「ママの誕生日に、パーティーするんよ。兄ちゃんが〝絶対内緒だゾ〟って言ったけん、僕がママにパーティーのこと言ったんは、内緒にしといてな」

と言い、フフッと得意気に笑ったのです。楽しい秘密を抱えていること自体にワクワクして、自分だけの心に閉まっておくのがもったいなくなって、つい秘密をバラしてしまう春太。軽はずみな性格ではあるけど、親としては愛おしい。

「うん、お兄ちゃんには内緒ね」

わたしはそう言い、ふたりで指切りをしました。秘密を共有できたことで春太はますます興奮しているようでした。

（……あのときの顔と、一緒だ）

気づいたわたしは、春太の次の言葉を待ちました。彼は、何かを考えついて料理部に入ることを決めた。そして自分でもその思いつきが気に入っているからこそ、黙っておけない――。思ったとおり、春太は子どものころと同じくフフッと笑い、口を割りました。

「俺さ、高校出たら、料理人になろうと思って」

料理人。わたしは口のなかで、春太が口にしたばかりの言葉を、小さくつぶやきました。

「でも、料理なんてまったくしたことないし、部活に入れば基本的なことから教えてくれるって言われたけぇ、決めたんだ。就職のとき、役に立つかもしれんじゃろ」

「ちょ、ちょっと待って！」

「何？」

「春太、もう進路決めちゃったの？　ママになんの相談もなく？」

ショックでした。いいえ、子どもが将来の夢のために努力をしようとしているのはいいことなんだけど、何も勝手に決めなくても……。それに、いくらなんでも早すぎる！　高校に入学してまだ数日、これから3年間かけてゆっくり決めてもいいのに。

「ママ、反対なの？」

「反対はしないけど……。だってほら、大学行くとか、ほかにも道があるじゃろ？」

春太が通う高校には、進学クラスも用意されていました。一定以上の成績でないとそのクラスには振り分けられないし、勉強が苦手な春太にはハードルが高いかもしれないけど、できれば自分から挑戦してほしいと、わたしは密かに思っていました。

「いいよ、大学は。俺、すぐ働きたいんだ……ママに楽してもらいたいけん」

春太はそれだけ言って、これで会話は終わりとでもいうように、バスケットのシューズをわたしに向かって突き出しました。ママが捨てておいてよ、ということなのでしょう。

そして、そのまま財布だけ持ってふらりと家を出ていきました。行き先はたぶん、近所に住む幼なじみの家。夕飯の時間までには、帰ってくるはずです。

（春太……）

ママのために社会に出たいという春太。離婚したばかりのころとちがって、ウチはもう経済的に困っていないから、大学でも専門学校でも好きなところに進学していいし、なんなら留学だってしていいのに。子どものころの極貧生活が忘れられないのかな。それとも……実はわたしの仕事を知っていて、早く辞めてほしいと思っているのかな。問いただす勇気を持てなかったわたし。やっぱり母親としては、失格なのかもしれない。

だけど、わたしは息子がまぶしかった。自分で自分の道を決めて、歩き出した春太。わたしの血を受け継いでいるだけあって、言い出したら後には引かない子。これからの高校生活、料理人になるべく一歩一歩、着実に成長していくのでしょう。

桜太、春太。あなたたちのママは、デリヘル嬢だった。でも、ふたりとも健やかに、まっすぐに育ってくれた。それだけでわたしは、救われている。ふたりは、わたしの自慢。こんな子たちを育てられるなら、デリヘル嬢の仕事だって悪くない。わたしの仕事も人生も、最後は息子たちによって肯定されているように思います。

将来、彼らは就職や結婚を機に家を出るだろうし、そうなると親子3人はバラバラに暮らすことになります。悲しいけど、その日は必ず訪れる。だからこそ、デリヘル嬢として子どもを育て、3人で肩を寄せ合って暮らした毎日は、わたしにとって宝物。振り返れば、そこには幸せがあふれていました。

ふたりとも、ありがとう。

ママは、あなたたちのことを誇りに思いながら、これからもデリヘルの世界で生きていきます。

デリヘルという仕事には、世間の人たちが思うよりもずっと多くの幸せがあります。お客様と心を通わせる瞬間、嬢同士で人には言えない苦労を分かち合える瞬間、お金を手にして子どもたちにおいしいものを食べさせてあげられるようになった瞬間、貧困から抜け出しつつあることが実感できる瞬間……。

その"小さな幸せ"を女の子たちと一緒に作っていくことが今の私の夢です。全員がそれを手にしたとき、私は大きな幸せにおぼれることになるのでしょう。

その日がくるまで、カサブランカ・グループは、止まることはありません。全国の思いを同じにする経営者の方たちとのフランチャイズ展開をはじめ、新たな一歩を踏み出し続けていきます。

この誓いの言葉をもって、あとがきに代えさせていただきたいと思います。
最後になりましたが、序文をいただいた高橋がなり氏に心からの尊敬と感謝を。すてきな文章に心が震えました。
本書が、身近な幸せをあらためて見直すきっかけとなりますように。

2011年秋
長谷川華

あとがきにかえて

小さいころから、夢を追って全力疾走を続けてきた私ですが、
その実、心から求めていたものは“小さな幸せ”だったのでは
ないかと思います。

両親が応援してくれたからこそ、コントラバス奏者を目指すことが
できました。パンクバンドでメジャーデビューを目指すうちに、
バンドメンバーとの絆はいっそう強まりました。
長くはない結婚生活で夢見たのは、家族の笑顔がたえない家庭
という、ごくごく平凡なものでした。

夢と身近な幸せとは、私にとって切っても切り離せないものです。
そして「カサブランカ・グループ」の代表として、たくさんの女の子たちを
抱えるいま、私は彼女たち全員に“小さな幸せ”をつかんでほしいと
願いながら毎日を生きています。

本書は＜カサブランカ・グループ＞代表を務める、長谷川華氏によるノンフィクション手記です。ただし、本書に登場する人物の名前や環境などは、その本人と特定できないように一部変更しております。ご了承ください

ママの仕事はデリヘル嬢

2011年11月25日　初版第一刷発行

著者○長谷川華

カバーイラスト○渡辺ペコ
ブックデザイン○秋吉あきら（アキヨシアキラデザイン）
構成○三浦ゆえ
出版協力○上堀秀和　吉池理

SPECIAL THANKS○高橋がなり

編集○小宮亜里　藤本淳子

発行者　木谷仁哉
発行所　株式会社ブックマン社
〒101-0065 千代田区西神田3-3-5
TEL 03-3237-7777　FAX 03-5226-9599
http://www.bookman.co.jp

ISBN 978-4-89308-764-5

印刷・製本:赤城印刷株式会社
定価はカバーに表示してあります。乱丁・落丁本はお取替えいたします。